|조양호 평전|

지구가 너무 작았던
코즈모폴리턴

이임광 지음

청사록

조양호평전_지구가 너무 작았던 코즈모폴리턴

2판 1쇄 발행 2024년 4월 22일

지은이_ 이임광
펴낸곳_ 공감의기쁨(청사록)
전화_ 02)2063-8071
팩스_ 02)2062-8071
등록_ 2011년 7월 20일 제 313-2011-204호
주소_ 서울특별시 강서구 공항대로 194 문영퀸즈파크12차 414호
e-mail_ goodbook2011@naver.com
ISBN_ 979-11-86500-25-5 (03320)

이 책은 저작권법에 따라 보호받는 저작물이므로 무단 전재와 복제를 금합니다.
이 책의 전부 혹은 일부를 이용하려면 저작권자와 공감의기쁨(청사록)의 동의를 얻어야 합니다.
잘못된 책은 구입하신 서점에서 바꾸어드립니다.

prologue

조양호,
평전의 이유

진술의 일관성
드러난 진실

조양호를 기억하는 사람들에게서 받은 놀라움은 그들의 증언과 진술이 더 이상의 비교와 대조가 필요없을 정도로 일치한다는 것이다. 함께한 시기가 달랐거나 같은 시기라도 현장과 역할이 달랐던 그들이 기억하는 조양호는 한결같다. 그것만으로도 조양호는 알려진 대로 확고한 원칙주의자였음이 분명하다. 조양호를 기억하는 사람들의 얘기를 종합하면 조양호는 외부에 알려진 것과 다르게, 심지어 내부 직원들이 알고 있는 것과도 사뭇 다르게 인간미와 친화력으로 소통하는 리더였다. 무뚝뚝하고 권위적이고 보수적일 것이라는 세간의 선입견을 깨는 반전이 아닐 수 없다. 조양호에 대한 그들의 일관된 인물평을 들어보면, 세상사

람들이 알고 있는 조양호는 그를 만나보지 않은 사람들이 갖는 정체 불명의 편견이 만들어낸 허상임을 알 수 있다. 미디어는 믿을 것이 못 된다는 증거는 조양호의 진면목을 확인하는 것만으로도 충분하다. 조양호와 함께한 사람들은 드러나지 않은, 아니 스스로 드러내지 않았던 조양호의 속깊은 인간미가 왜곡되고 오해받는 것에 분개하기까지 했다. 진술의 일관성은 진실을 말해준다. 회사를 떠나 아무 이해관계

가 없는 그 많은 사람이 자유로운 인터뷰에서 한 사람에 대해 거의 같은 평가를 한다는 것은 그 평가가 진실이며 진심임을 말해준다. 이상하리만치 불만은 없었고, 한수 앞을 내다본 행적에 대한 감탄이 터져 나왔다. 어떤 이들은 당시 분위기를 떠올리며 조양호가 했던 말과 말투를 따라하다 목소리의 주인이 보고 싶어 눈물을 훔치기도 했다. 유승민 IOC 선수위원은 조양호를 '인생의 스승'으로 표현했다.

장난감트럭의 DNA **원칙주의자**

"양호는 어릴 때부터 고집이 셌는데 아버지가 사준 장난감트럭을 골목에서 가지고 놀 때도 그랬어요. 그때만 해도 골목길이 포장되지 않아 울퉁불퉁하고 제법 큰 돌도 여기저기 박혀 있어 트럭을 줄로 끌고 다니다 바퀴가 돌부리에 걸려 멈춰서기 일쑤였는데 그럴 때 양호가 어쩌는지 알아요? 끌고 가던 방향 그대로 안간힘을 써 기어이 돌부리를 넘는 거예요. 그러다 트럭이 뒤집히기도 했죠. 다른 아이들은 돌부리를 피해 트럭을 반반한 바닥에 옮겨서 끌고 가는데 말예요."

김정일 여사는 장남 조양호가 대한항공에 입사해 경영수업을 받을 때 자택인 부암장에 온 중역들에게 이 얘기를 들려주었다. 조양호의 뚝심이 임직원들에게 행여 반감을 사지나 않을까 걱정돼 원래 성격이 그런 것이니 잘 헤아려 달라는 바람에서 한 말이었다. 장난감트럭 일화는 조양호가 원칙주의자임을 단적으로 보여준다. 조양호는 장애물이나 걸림돌이 있을 때 피해가지 않고 정면돌파로 뛰어넘는 쪽을 택했다.

위험은 비포장길의 돌부리처럼 도처에 있다. 돌부리에 걸릴 때마다 피해가는 것은 당장은 위기를 모면할 수 있지만 언제든 또 다른 위기에 봉착할 수 있다. 비포장길에서 장난감트럭을 가장 안전하게 끌고 가는 방법은 비포장길에 있는 돌부리를 모두 제거하고 아스팔트로 포장하는 것이다. 조양호는 그렇게 생각했다. 비슷한 시기 조양호의 아버지 조중훈도 고속버스사업에서 그런 선택을 했다. 경쟁력을 확보하기 위해 비포장길을 포장했다.

prologue 조양호, 평전의 이유

사업예술가 이은
경영공학자

조양호는 효자였다. 아버지를 경외하면서도 사랑했다. 사업을 예술로 여겼던 조중훈은 육운에서 해운으로, 다시 항공으로 사업을 이륙시켰다. 육지가 끝나는 곳에서 바다가 시작되고, 바다가 끝나는 곳에서 하늘이 펼쳐졌다. 조양호는 그렇게 시작된 하늘길에서 아버지가 이룩한 신화를 다시 쓰기 위해 힘겨운 공중전을 펴야 했다. 조중훈이 '사업예술가'라면 조양호는 '경영공학자'다. 조양호는 아무리 노력해도 아버지만큼 창조적인 경영자가 될 수 없음을 피력했다. 그것은 창업 2세의 숙명이기도 했다. 조양호는 아버지가 창조한 '사업예술'의 가치를 완전무결하게 지키고 구현하는 데 혼신을 바쳤다. 한진과 대한항공의 역사는 조중훈의 '창조'와 조양호의 '혁신'이 빚어낸 걸작이다. 100년의 세계 항공사(史)에서 한국은 두 번의 큰 기적을 보여주었다. 첫 번째 기적은 전후 최빈국, 항공산업의 불모지에서 조중훈의 대한항공이 30년 만에 아시아의 대표 항공사로 우뚝 선 것이다. 두 번째 기적은 그 후 20년, 조양호의 대한항공이 세계적인 항공사로 거듭난 것이다.

사업이 그림이라면 조중훈은 화가의 영감으로 밑그림을 그렸고, 조양호는 공학도의 치밀함으로 채색을 완료했다. 경영이 조각이라면 조중훈은 선견지명으로 '코는 크게 눈은 작게' 시작했고(刻削之道鼻莫如大目莫如小), 조양호는 예리한 조각칼로 정교하게 깎고 다듬었다. 조양호는 선친 조중훈의 밑그림의 크기와 '각삭지도(刻削之道)'의 지혜를 알고 있었기에 작품을 완성할 수 있었다.

조중훈의 30년은 세계 항공업계에 존재감을 드러냈고, 조양호의 20년은 제2의 창업으로 경쟁사들을 긴장하게 만들었다. 조양호는 견제와 시장의 위기로 시계제로(視界Zero) 상태에 직면하기도 했다. 공성(攻城)보다 어려운 수성(守城)의 시간을 견뎌낸 조양호는 조중훈의 '지고 이기는' 지혜조차 통하지 않는 무한경쟁에서 '한 치도 양보할 수 없는' 절체절명의 절벽 위에 '나'를 세웠다.

prologue 조양호, 평전의 이유

시스템 오케스트라
안전지휘자

항공기는 수만 개의 부품이 제 자리에서 제 기능을 하며 상호작용해야 이륙하고 비행하고 착륙할 수 있다. 모든 부품과 장치는 하나의 시스템으로 돌아가야 한다. 시스템은 한 치의 오차도 허용될 수 없는 메커니즘이 필요하다. 공학을 공부하고 정비와 자재, 전산(컴퓨팅) 현장에서 실무를 쌓은 조양호는 '시스템적' 사고와 판단이 몸에 뱄다. 전공처럼 경영도 공학적으로 이해하면서 결국 시스템으로 돌아가야 성공률을 높일 것이라는 확신을 가지고 있었다. 시스템경영은 조양호의 경영철학을 관통하는 축이자 원칙과 기준이었다. 상호역학적 균형과 조화를 통해 조직을 안정적이고 효율적으로 운영하도록 조정하고 조율했다. 시스템경영은 주먹구구가 아니라 데이터를 기반으로 한다. 조양호는 시스템경영을 통해 인맥이나 이해관계에 의한 관행을 깨고 낭비와 시행착오를 최소화해 조직과 업무의 효율을 극대화했다. 조양호는 한마디로 '시스템'이라는 오케스트라의 지휘자였다. 지휘자 조양호는 시스템을 통해 불확실성의 시대에 확실한 경영의 연주를 완성했다. 평창동계올림픽 유치·조직위원회를 이끌 때도, 배구·탁구협회를 운영할 때도, 사진예술 문화사업에서도 시스템경영으로 진두지휘했다. 과정은 신선했고 결과는 획기적이었다. 스포츠계 관계자들은 조양호를 만나고 이전까지 경험하지 못한 시스템경영에 놀라움을 금치 못했다. 조양호의 전문성과 시스템경영이 가장 잘 투영된 곳은 안전이었다. 조양호에게 최고의 품질은 '안전'이었다. 안전은 무엇과도 바꿀 수 없는 절대 가치였다. 안전을 위해서라면 투자를 아끼지 않았고 손실도 감수해야 했다. 조금이라도 위험이 감지되면 이륙하지 않았고 한 치라도 기준에 부합하지 않으면 착륙 대신 회항을 선택했다. "불편하고 까다로운 항공사"란 불평에도 원칙을

지켰다. 진에어 출범 때 저가항공사를 '저비용항공사'로 규정한 것도 안전을 최우선 가치로 두었기 때문이다. 저비용으로 창출한 가치를 '안전투자'로 고객에게 돌려주었다. 시스템경영은 세계에서 가장 안전한 항공사를 만들었고, 안전품질은 성과로 이어졌다. 조양호는 시스템에 모든 걸 걸었다. 인간보다 시스템을 사랑한 것이 아니라 인간을 사랑했기에 시스템을 중시했다.

깊이의 경영자
딥어답터

사람들은 조양호를 '얼리어답터(early adopter)'로 알고 있다. 모르고 하는 소리다. 조양호는 '이노베이터(innovator)'나 '딥어답터(deep adopter)'라고 해야 마땅하다. 조양호는 어느 이노베이터보다 늦지 않았다. 전자기기, 컴퓨터, 항공기, 그리고 경영시스템 모두에서 앞서 갔다. 너무 앞서 가 참모들이 멀미가 날 정도였다. 속도만이 아니다. 깊이에서도 따라올 자가 없었다. 무엇이든 한번 파고들면 바닥이 나올 때까지 알아내야 직성이 풀렸다. 어떤 제품이든 깨알 같은 설명서를 한 자 한 자 탐독하며 곱씹어 제원과 사용법을 마스터했고, 기내에 앉아서 엔진소리만 듣고도 기체에 어떤 문제가 있는지 알 정도로 전문가가 됐다. 모르는 것이 있으면 누구에게라도 물었고, 모르면서 아는 척 하는 사람은 용납하지 않았다. 조양호의 허를 찌르는 예리한 질문에 어쭙잖게 보고하다 당황한 나머지 나가는 문도 찾지 못한 임원도 있었다. 조양호에게 대충 아는 것은 모르는 것이나 다름없었다. 조양호는 한시도 쉬지 않았고 한 순간도 딴생각을 하지 않았다. 몰입의 경영자였다. 영면에 들기 며칠 전까지도 병상에서 서류를 검토했다. 한진그룹에서 조양호보다 열심히 일한 사람은 없다는 것에 이의를 제기하는 사람은 없다.

輸送報世, 코즈모폴리턴

조양호는 '코즈모폴리턴(cosmopolitan)'이었다. 국가, 민족, 인종을 뛰어넘는 교류와 공존을 지향했다. '국적기' 논리만으로는 세계 항공시장에서 확장성을 가질 수 없음을 알고 한국적인 것을 초월

했기에 대한항공을 세계적인 항공사로 거듭나게 할 수 있었다. 조양호의 글로벌 반경은 어느 외교관보다 넓었다. 조양호는 외국친구들과 소통하는 것이 더 편했다. 영어가 유창하기도 했지만, 다양성을 존중하며 편견과 선입견으로부터 자유로운 대화를 할 수 있었기 때문이다. 외국인들과 얘기할 때 공통의 관심 분야가 나오면 몇 시간이고 흥미진진하고 유쾌하게 의견을 나누었다. 누구보다 외국친구가 많았으

스카이팀 결성.
왼쪽부터 레오 물린(Leo F. Mullin) 델타항공 회장,
장 시릴 스피네타(Jean-Cyril Spinetta) 에어프랑스 회장,
조양호 회장,
알폰소 파스칼(Alfonso Pasquel) 아에로멕시코 회장

며 그들 사이에서 구심점이 됐다. 치열한 경쟁구도에서 항공동맹 스카이팀 결성을 주도한 것도 그런 리더십이 있었기에 가능했다. 노선 개척에서 항공기 구매에 이르기까지 '줄 것은 주고, 받을 것은 받아내는' 정정당당하고 합리적인 협상 방식은 파트너들로 하여금 대한항공과 조양호를 신뢰하게 만들었다. 오히려 그런 합리적인 태도가 지극히 온정적인 우리 문화에 부합하지 못해 오해를 사거나 평가절하된 측면이 있다. 합리적이고 논리적인 사람은 정치적으로 손해를 보는 법이다. 조양호는 정치적이지 않았고 정치적으로 이득을 보려고 하지

도 않았다. 그 때문에 불이익을 볼 때도 있었지만 조양호는 타협하지 않았다. 코즈모폴리턴 조양호는 조중훈시대의 '수송보국'을 초월해 인류와 지구, 우주로 사업의 이유와 목적을 확장했다. 흑인 모델을 기용해 승무원으로 출연시킨 파격적인 광고도 그렇게 탄생했다. 몽골 사막에 나무를 심는 대규모 사업을 벌인 것도, 세계 곳곳에서 재난이 일어날 때마다 긴급하게 구호품을 실은 비행기를 띄운 것도 그래서다. 루브르의 한국어 서비스도 루브르가 소장한 작품을 우리 국민도 '세계인'으로서 공유하고 감상할 문화유산이라는 인식에서 추진했다.

미래를 찍는 포토그래퍼
앵글경영

조양호는 작가 수준의 포토그래퍼였다. 잠시라도 격무에서 벗어나 휴식할 때는 사진을 찍으러 다녔고 출장길에도 카메라를 들고 다녔다. 사진기자들이 조양호를 카메라에 담으려 동분서주하는 동안 정작 조양호는 세상을 찍고 있었다. 사업이든 여행이든 언제나 현장을 답사했고, 그의 손엔 늘 카메라가 들려 있었다. 사진은 취미를 넘어 예술이 됐고 경영과 인생의 길을 내다보는 빛이 됐다. 조양호에게 사진은 과거가 아니라 미래였다. 조양호의 사진은 달력이라는 미래의 시간으로 엮였다.

조양호가 사진을 찍은 이유는 "가보지 않은 곳을 보여주기 위해서"였다. 가보지 않은 곳은 '거리'가 아니라 '각도'의 영역이었다. 시각을 바꾸면 같은 곳도 다르게 보인다는 것을 조양호는 사진에 몰입하며 알게 됐다. '평화의 문' 사이로 에펠탑을 찍

은 사진은 평화의 문도, 에펠탑도 아닌 조양호의 다른 시각으로 탄생한 창조물이다. 경영도 시각을 바꾸면 전혀 새로운 결과를 얻을 수 있다. '앵글경영론'이다. 위기로 전 세계 항공업계가 움츠릴 때 10년 후를 내다보고 과감한 투자를 한 것도 앵글을 달리했기 때문이다.

Eiffel Tower, Paris, France, 2006

몰입의 기쁨
행복한 경영자

몰입보다 행복한 것은 없다. 조양호는 몰입했기에 행복했다. 어쩌면 조양호는 공자가 말한 세 가지 기쁨(學而時習之, 有朋自遠方來, 人不知而不慍)을 알고 실천했는지도 모른다. 무엇이든 새로운 것을 배우면 전문가 수준이 될 때까지 익혔고, 멀리 해외 곳곳에서 친구를 사귀었으며, 편견과 오해로 남들이 알아주지 않아도 화내지 않고 묵묵히 자신의 길을 개척했다.

Geneva → Zermatt, Switzerland, 2004

| 추천사 |

"책 속에서도 그는 생전처럼 열심이다"

손경식 한국경영자총협회 회장

조양호 회장은 사진을 좋아했다. 프로급 포토그래퍼였다. 생전 조 회장이 매년 보내준 달력 속 사진들을 보고 있노라면 그가 주창한 '앵글경영론'을 읽을 수 있었다. 같은 풍경도 다른 각도에서 보면 전혀 다른 풍경이 됨을 그는 경영 현장에서도 여실히 보여주었다.

그의 사진에는 유독 길이 많다. 땅길, 바닷길, 하늘길. 경영에서도 그만큼 많은 길, 즉 방법을 찾는 데 매진했다. 길을 모으고 연결하면 지도가 되고, 방법들을 분석하고 체계화하면 시스템이 된다. 조 회장의 '시스템경영'은 그렇게 탄생했다.

세계 항공의 역사에서 조 회장같이 전문성과 지속가능성에서 탁월한 능력을 보여준 경영자는 없었다. 단언컨대, 100년에 한 번 나올 법한 항공전문가다. 그에게는 오너십보다 강력한 시스템경영의 힘이 있었다. 조 회장이 타계한 후에도 대한항공과 한진그룹이 흔들림 없이 성장하고 있는 것은 생전 그토록 탄탄하고 정교하게 갖춰놓은 시스템의 위력을 방증한다.

나는 조 회장처럼 일에 몰두한 경영자, 특히 오너경영인을 본 적이 없다. '즐거운 워커홀릭'이었다고 생각한다. 누구보다 일을 많이 했지만 그가 한 대부분은 일 자체가 아니라 '일하는 시스템'을 만드는 것이었다. 사람이 일을 하는 것이 아니라 시스템이 일을 하도록 한 리더였다.

대한항공과 한진그룹은 저평가돼 있다. 국내보다 해외에서, 대중보다 기업들에게서 경쟁력을 더 인정받는 게 사실이다. 조 회장은 다른 그룹 회장들에 비해 덜 부각된 측면이 없지 않다. 좀처럼 드러내지 않는 성품 때문이기도 했지만, 사람보다는 사람이 만든 시스템이 더 활발하게 작동했기 때문이다. 시스템은 눈에 보이지 않지만 사람보다 과학적이고 체계적이다. 그리고 이 시스템은 진화하며 오랫동안 활용되고 계승된다.

이 책에는 생전에도, 타계 후에도 알려지지 않은 조 회장의 진면목을 볼 수 있는 일화가 많다. 매년 선물 받던 사진달력이 오지 않은 지 수년 동안 조 회장과 함께한 나의 시간도 멈추었다. 이 책이 그 멈춤을 깨어 주었다. 책 속에서도 조 회장은 생전처럼 열심이다.

chapter 1

함께해서 멀리 간 아름다운 코즈모폴리턴

P. 44

| 세계주의 철학 선명하게 보여준 광고
| "끝없는 변화가 우리의 변치 않는 원칙"

| 외국 친구들과 얘기할 때 훨씬 행복했다
| 같은 시각으로 세상을 바라보는 기쁨!

| 모든 세계주의자는 개인주의자다
| '나'와 '너', '우리'와 '그들'을 넘어 '모두'를 위해

| 종은 인류 모두를 위해 울린다
| 사회적·환경적 의무 다하는 인류사회 일원

▮ 평창조직위 심금 울린 '회장의 편지'
▮ "외롭고 힘들수록 서로 돕고, 격려하라"

▮ 날아라! 내가 그린 예쁜 비행기
▮ 어린이 꿈에 날개를 달아주다

▮ 대상포진의 고통을 알고 있었다
▮ 마음으로 '나'와 '너'가 만날 때

▮ 소리 소문 없이 실천한 '키다리아저씨'
▮ 전 세계로 퍼져나간 따뜻한 마음

▮ 어린왕자를 사랑한 야간비행사

▮ 크리스마스카드와 피아노
▮ 안쓰러운 한진해운 컨테이너

chapter 2
따듯하게
조용하게
P. 60

chapter 3

같은 세상도 다르게 본 혜안의 앵글경영

p. 78

- 강대국의 언어, 언어의 강대국

- 모파상이 에펠탑에서 밥먹는 이유
- '평화의 벽' 속에 에펠탑을 담다

- '혼자의 자유'를 아는 바람의 경영자

- 새의 눈으로 세상을 찍다
- 그의 사진엔 길이 보인다

- "유가는 극복하는 것이 아니라 적응하는 것이다"
- "외환위기는 우리의 문제, 세계경제는 좋았다"

- 위기를 기회로 바꾸는 렌즈
- 위에서 내려다보고 찾은 절충안

- 신뢰의 관점, 델타를 선택한 이유
- 약점보다 강점, 과거보다 미래를

- 고객에 맞춘 스카이팀의 앵글
- 스카이팀이 대한항공에 준 선물

- 두 수를 내다본 ATI 승인
- 항공화물 세계 1위의 비밀

- 윌셔그랜드 '제2의 고향' LA에 우뚝
- 완전은 없다, 변화는 멈추지 않는다

- LA 경제 살렸다, 한미 민간외교 가교

- 대한항공-델타 조인트벤처 태평양노선에서 한 회사처럼

- 큰 그림, 식견과 결단의 승리

| 〈킹스스피치〉를 다시 실화로 쓴
| '조스스피치'
| 왕이라도 모르면 배워야 하고,
| 공부에 지름길은 없다

| 청산유수처럼 말하다
| 파도가 바위에 부닥치듯 멈추고,
| 화살을 시위에 감아쥐듯
| 소리를 응축했다 터뜨리다

| 모르는 게 뭔지 알고,
| 그걸 아는 사람의 말을 듣는 것.
| 그것이 공부다

| 배우고 때때로 익히니
| 즐겁지 아니한가
| 고독과 공부의 함수관계,
| 몰입의 기쁨

chapter 4
몰입의 기쁨을 만끽한 노력가

P. 122

chapter 5

얼리&딥
어답터
깊이의
경영공학자

P. 136

■ 세계 최고의 항공인 / 전문성 기반 오너십

■ 엔진은 엔지니어가 잘 안다 / 공학도의 경영, 항공엔 맞다

■ IT사관학교 총장, 대한항공이 젊어진 이유
■ 메이드인 코리아 차세대항공기의 꿈

■ 서울을 '세계 항공산업 수도'로 바꾸다
■ 18년간 IATA 집행·전략정책위원 대활약

■ "지평리전투의 역사를 기억하라"
■ 전사·무기체계 모두 꿴 군사전문가

■ 빼앗긴 영공을 되찾다 / 항공과 그 역사에 대한 통찰

┃ "모르는 분야에 투자하지 않는다"의 역설
┃ "투자할 분야면 공부로 완벽하게 이해하라"

┃ 한진 임원 모두 서울대 단기 MBA 프로그램 이수
┃ 교육투자 놓고 계산기 두드리지 않았다

┃ 항상 배우는 조직, 한진그룹을 거대한 학교로!
┃ "공부엔 때가 없다. 학교에서만 하는 것도 아니다"

┃ "실전처럼 훈련하고 훈련한 대로 싸우라"
┃ 출산·육아휴가 극대화는 복직교육에 달렸다

┃ 기업가 마인드로 정석인하학원 키우다
┃ "학원의 주인은 재단, 책임 통감해야"

chapter 6
열공하는 기업
공부 권하는 CEO
P. 164

chapter 7

'기준과 원칙' 작사가
'시스템경영' 작곡가 *P. 186*
'항공오케스트라' 지휘자

▍가업이 아니라 경험이 최고의 유산
▍장남 아니라 경영자의 자격을 얻다

▍"나를 따르라"가 아니라 '따라갈 수밖에 없는',
▍"하면 된다"가 아니라 '될 수밖에 없는' 시스템

▍'청기와장수'는 필요없다. '누가'보다 '모두'
▍그 사람 없어도 돌아가야 제대로 된 조직

▍의사결정구조 '수직'에서 '수평'으로

▍"얼마나?"가 아니라 "어떻게?"
▍과정이 맞으면 사후보고도 OK!

▍경영은 공학이자 과학이다
▍JAL보다 잘 만든 매뉴얼

▍'원칙과 기준'은 시스템의 회전축
▍브레이크 고장 나면 달릴 수 없다

chapter 8

절대안전을 향한 도전
무사고 기록의 비밀 *P.210*

| 항공오케스트라 지휘자 'KAL OCC'

| 하인리히법칙

| 정비사 출신 운항본부장

| 넘어야 할 고비, '니미츠힐'

| 低비용항공의 高안전운항

| FSF 안전진단과 '델타컨설팅'

| '안전항공사'로 거듭나다

chapter 9
체육인을 사랑한 체육인 P.236

- 점보스 고공행진의 비결
- "우연한 승리는 있어도
- 우연한 패배는 없다"

- 선수들 은퇴 후까지 내다봤다
- "우리도 점보스에 가고 싶다"

- 조양호 세트업+조원태 스파이크,
- 대 이은 배구사랑
- "팀보다 훌륭한 선수,
- 국가보다 위대한 리그는 없다"

- 분열된 탁구계 이끌 새로운 리더
- "다투지 않는다 약속하면 맡겠다"

- 협회도 시스템경영으로
- '사라예보 전설'도 떨었다

- "공부하는 선수는 사라지지 않는다"
- John Mckay Center를 벤치마킹하라

- "승민아, IOC 위원까지 Fight on!"
- 『우쭐대지 말 것. 사람 조심할 것.』

- '피시앤칩스' '미니앨범' 응원의 힘
- 선수들과 얘기할 때 아이처럼 행복했다

- 7년 빙속 투자, 금빛으로 돌아와
- "나도 이제 체육인이야!"

| '3수 이유' 분석, '컨트롤타워' 설치
| 평창동계올림픽 유치에 결정적 기여

| 50번 출국, 지구 16바퀴 대장정
| '달리는 BMW' 위에 '나는 KAL'

| IOC "100점 주고 싶다" 극찬
| 평창의 기적, 아름다운 마무리

chapter 10

평창의 승리를 이끈 열정의 민간외교가

P. 264

chapter 1

함께해서 멀리 간 아름다운 코즈모폴리턴

"여행이 소중한 까닭은 떠나고, 만나고, 새로운 것을 경험하면서 삶을 풍요롭게 하기 때문이다. 경영도 마찬가지다. 떠나고, 만나고, 새로운 것으로 개선하는 과정의 끊임없는 반복이 경영이다."

세계주의 철학 선명하게 보여준 광고
"끝없는 변화가 우리의 변치 않는 원칙"

2005년 새 유니폼을 론칭하는 대한항공 TV광고는 파격과 일탈이었다. 비상하는 항공기도, 신규 취항지도, 광고가 끝나가도록 카피나 내레이션도 없었다. 누구도 마지막을 보기 전까지 대한항공 광고라고 생각하지 못했다.

로비 윌리엄스(Robbie Williams)의 경쾌한 〈The Road to Mandalay〉에 맞춰 열 명의 여성 패션모델이 B747-400 실물 크기 기내 세트의 런웨이로 성큼성큼 걸어 들어오자 당돌한 워킹, 매력적인 포즈를 따라 카메라플래시가 숨가쁘게 터지고 청자색 재킷과 은은한 광택이 도는 블라우스, 단정하고 고급스러우며 세련된 라인의 스커트와 바지, 그리고 하늘을 향해 나부끼는 머플러가 빛을 발했다. 그리고 마지막 장면에서 터진 짧지만 강렬한 한마디.

"엑설런스 인 플라이트(Excellence in Flight)!"

대한항공의 새 유니폼 패션쇼는 인천하얏트리젠시호텔과 LA 헐리우드볼(Hollywood Bowl)축제에서도 반응이 뜨거웠다. 광고가 파격이었던 것은 기내처럼 세팅한 런웨이에서 패션쇼로 선보였기 때문만은 아니었다. 사람들, 특히 우리나라 사람들이 충격을 받은 것은 런웨이에 오른 모델들의 피부색이었다. 국내 모델 두 명을 포함한 동서양 5개국 모델 중 곱슬머리 흑인 모델이 눈에 띄었다. 18년이 지난 지금도 그렇지만 대한항공 승무원 유니폼을 입은 흑인의 모습을 상상하기에 우리

조양호는 승무원의 옷만 바꾼 것이 아니라
대한항공 안팎의 생각과 인식도 바꿔야 한다는
강한 의지를 피력했다.
"끝없는 변화가 우리의 변치 않는 원칙이다."

2004년 선포한 비전 'Excellence in Flight'. 오른쪽이 이종희 부회장.

나라 사람들의 편견과 선입견은 컸다. 광고에 다양한 피부색의 모델을 기용한 것은 대한항공의 다양성 존중 의지의 표현인 동시에 이처럼 파격적인 결정을 내린 조양호의 세계주의적 철학을 선명하게 보여준 사례다. 조양호는 승무원의 옷만 바꾼 것이 아니라 대한항공 안팎의 생각과 인식도 바꿔야 한다는 강한 의지를 피력했다.

"끝없는 변화가 우리의 변치 않는 원칙이다."

조양호는 승무원 유니폼을 바꿀 때 미학을 전공한 아내 이명희 전 일우재단 이사장의 조언을 참고했다. 이탈리아 3대 패션거장 지안프랑코 페레(GianFranco Ferre)를 찾았다. 당시 크리스찬디올 수석디자이너였는데 블라우스 같은 단정한 옷을 잘 만들었다. 조양호는 "꼭 한국적일 필요는 없고 필요하면 한 가지만 넣자"고 했다. 페레는 청자를 주목했다. 블루 리본과 아이보리 옷이 잘 어울렸다.

넥타이, 단추, 구두, 앞치마 등 소품들까지 유니폼에 어울리게 제작했다. 맵시가 있어 승무원들의 반응도 긍정적이었다. 새로운 유니폼 도입 초기에는 일할 때 입는 옷에 흰색이 부적절하다는 언론의 지적도 있었다. 그러나 실제로는 방수가 되는 기능성 원단으로 제작돼 아무 문제가 없었다. 소스나 이물질이 묻어도 쉽게 닦아낼 수 있었다.

외국 친구들과 얘기할 때 훨씬 행복했다
같은 시각으로 세상을 바라보는 기쁨!

『벗이 멀리서 찾아주니 즐겁지 아니한가?』(有朋自遠方來不亦樂乎). 중국 춘추시대 대륙을 주유(周遊)한 공자처럼 조양호도 국내보다 해외에 더 많은 친구가 있었다. 항공사 경영자로 오랜 기간 활약하면서 세계 곳곳에서 넓고 깊게 인맥을 쌓은 결과였다.

조양호는 우리나라 사람과 우리말로 대화할 때보다 외국사람과 영어로 대화할 때가 오히려 편해 보였다. 조현민 ㈜한진 사장도 "아빠는 외국 친구들과 얘기할 때 훨씬 행복해 하셨다"고 회상했다. 회화, 특히 항공 관련 대화에서 타의 추종을 불허할 만큼 영어실력이 유창하기도 했지만 꾸밈없이 직설적으로 대화하는 게 체질인 조양호는 외국 친구가 편했다. 외국 친구들 역시 조양호를 진취적이고 개성 넘치는 사람으로 기억한다. 스카이팀 이사회장을 지낸 마이클 위즈번(Michael

Wisbrun)은 조양호와 20년지기로 개인적으로도 친분이 두터웠다. 위즈번은 2019년 조양호의 부음을 듣고 빈소를 찾았을 때 "그의 현명함과 세상을 보는 시각, 말솜씨에 항상 놀랐다"며 "우리는 같은 시각으로 세상을 바라보고 대화했는데 그때마다 그는 미소를 지었다"고 추억했다. 당시 스카이팀 이사회는 조양호의 타계에 조의를 표하기 위해 회의까지 미루고 한국으로 날아왔다.

퓰리처상 수상 기자 폴 딘(Paul Dean)의 배우자로 오길비(Ogilvy) 컨설턴트로 일하던 페니 팰쳐(Penny Pfaelzer)는 1997년 팰쳐딘앤파트너스(PfaelzerDean & Partners)를 설립하고 대한항공의 글로벌 홍보와 위기관리를 전담했다. 페니의 적극적이고 탁월한 서비스 마인드와 전문성을 단번에 알아본 조양호가 페니에게 단독 PR컨설팅 계약을 제안했는데

2013년 〈CNN〉과의 인터뷰. 왼쪽부터 페니 팰쳐 팰쳐딘앤파트너스 대표, 조현민 (주)한진 대표, 조양호, 리처드 퀘스트 기자, 신무철 전 대한항공 홍보실장

이 계약은 2023년 현재까지 유지되고 있다. 페니는 조양호의 해외 언론 인터뷰를 지원하고 글로벌 홍보 전략을 조언하는 등 오랜 기간 미주 홍보 컨설팅을 맡아 각별한 인연을 이어왔다. 조양호가 세계 최고 수준의 항공사로 거듭나기 위해 선포한 비전 'Excellence in Flight'도 페니의 공이 컸다.

1947년생인 페니는 첫 만남 때 조양호가 "연배가 비슷하니 친구처럼 대하라"고 하자 "내가 두 살 많으니 누나라고 불러 달라"고 농담을 했는데 그 후 둘은 막역한 사이가 됐다. 페니는 조양호를 "관심 분야에선 누구보다 말수가 많고 위트가 넘치는 사람"으로 기억했다.

모든 세계주의자는 개인주의자다
나와 너, 우리와 그들을 넘어 모두를 위해

조양호는 국내에서는 다소 경직된 이미지를 가지고 있는 게 사실이었다. 은둔형이 아니었음에도 언론 인터뷰를 거의 하지 않았고 공식 행사 때도 필요한 얘기만 하는 탓에 보수적이고 권위적일 거라는 편견이 없지 않았다.

조양호는 교묘한 말(巧言)로 그럴듯하게 꾸며대거나 능수능란하게 둘러대거나(令) 억지 표정(色)을 질 줄 몰랐다. '교언영색' 하느니 차라리 말수가 적지만 진심이 들어 있는 게 낫다고 생각했다. 타성에 젖어

관례를 중시하는 사고는 조양호의 합리적이고 시스템적인 사고방식과 맞지 않았다.

'기브앤드테이크(Give & Take)'가 확실한 조양호는 '좋은 게 좋은 거'라는 식의 두루뭉술한 표현을 할 줄 몰랐고 감언이설이나 저자세로 부탁하는 기술도 없었다. 요구할 게 있으면 확실하게 요구하고 국익을 위해 할 게 있으면 공개적으로 하겠다고 입장을 밝혔다. 뒷거래나 로비 같은 것은 일체 용납하지 않았다. 조양호의 합리적인 태도는 오해를 사기도 했고 밉보이기도 했다. 때론 여론이 이상한 쪽으로 몰아가기도 했다.

조양호는 누구를 만나든 예의와 겸손을 잃지 않았다. 언제나 약속 시간보다 30분이나 일찍 도착해 차 안에서 기다렸다. 동행한 임원들이 "회장님과 차 안에서 함께 있는 동안 시간이 가지 않아 힘들었다"고 토로했을 정도다. 한진해운 사태 때도 여론은 조양호의 진정성과 노력을 믿으려 하지 않았다. 조양호는 부친 조중훈 선대 회장의 유지를 숙명으로 받아들이고 회생을 위해 최선을 다했지만 해운 경기가 극도로 악화되면서 어쩔 수 없었다. 세상인심은 모든 책임을 조양호에게 돌리고 비난했지만 조양호는 항변조차 하지 않았다.

혼신을 다해 평창동계올림픽 유치를 이끌어내고도 개최를 앞두고 조직위원장 자리에서 내려와야 했을 때도 서운함이나 억울함을 조금도 드러내지 않았다. 소신을 지키고 원칙과 기준으로 평정심을 유지하며 여론에 휘둘리지 않았다. 남들이 알아주지 않아도 노여워하지 않았다.

달라이 라마가 주창했듯 "나와 너를 넘어, 우리와 그들을 넘어 모두를 향하는" 것이 세계주의다. 대한항공 한진그룹에 파벌은 없었다. 조양호 역시 나와 너를 넘어 우리와 그들을 넘어, 모두를 위한 경영을 했다.

조양호는 수송보국의 사명감을 가슴에 품고 있으면서도 세계 항공업계 발전에 한 몫을 해야 한다는 세계주의경영의 사명도 놓치지 않았다. 루브르박물관, 오르세미술관, 영국박물관 등에 한국어 작품해설 서비스를 추가시킨 것도 국위선양으로 볼 수 있지만 세계주의적 관점으로 보면 인류의 문화예술유산을 인류가 공유하고 향유할 수 있어야 한다는 결론에 도달한다. 민간외교가로서 평창동계올림픽을 유치한 것도 사업보국의 일환이었지만 세계주의적 관점에서 보면 대한민국도 동계올림픽을 개최할 수 있어야 하고 세 번이나 도전했는데 기회를 얻지 못하는 것은 불공평했다. 조양호는 스포츠에서 세계를 하나로 만드는 무한한 힘을 보았다.

"올림픽, 나아가 스포츠는 우리 삶에 희망을 주고 평화를 정착시킨다. 지역과 이념을 뛰어넘어 엄중한 국가 대사로 올림픽을 치러야 한다. 성공적인 동계올림픽을 개최해 대한민국의 품격을 한층 더 높이는 주체라는 자부심을 가지고 지연과 학연 등 사사로운 감정을 접고 후손들에게 멋진 유산을 남길 수 있도록 한마음 한 뜻으로 준비하자."

새 유니폼도 한국의 미와 서구적 감각을 담은 세계적인 디자인으로 대한항공의 새로운 상징이 됐다. 대한항공이 국제무대에서 주도적인 활동을 하게 된 것은 2000년 글로벌 항공동맹체 스카이팀(SkyTeam) 창설을 주도하면서부터다. 스카이팀도 조양호의 세계주의 철학이 투영된 역작이다. 조양호는 델타항공에 항공동맹체 결성을 제의해 에어프랑스, 아에로멕시코 네 항공사가 참여한 스카이팀 창설을 주도했다.

대한항공은 동맹체 활동으로 고객에게 보다 다양하고 풍부한 노선망과 편리한 서비스를 제공하는 한편, 선진 항공사들과의 활발한 교류로 경영 체질을 개선해 나갔다. 회원사의 장점을 벤치마킹해 서비스 질을 높였고, 세계시장에서 공동 마케팅과 홍보로 글로벌 항공사 이미지를 확보했다.

회원사간 빈번한 회의로 직원들의 세계주의적 마인드가 제고되는 효과도 거두었다. 스카이팀에 참여하면서 대한항공의 교육시스템도 글로벌 항공사의 위상에 걸맞게 체계화하고 표준화됐다. 국제적 감각을 갖춘 전문 인력을 적극 채용하는 한편 인재 양성 프로그램을 통한 우수 인력 확보도 활발히 전개했다.

그리스어 'kosmos'(세계)와 'politēs'(시민)의 합성어인 '코즈모폴리터니즘'(cosmopolitanism)은 인류를 하나의 시민으로 본다. 도시국가가 붕괴돼 가던 기원전 4세기 그리스의 디오게네스는 스스로 '코즈모폴리테스'(kosmopolites, 세계를 고국으로 삼는 사람)라 칭했다. '코즈모폴리턴(cosmopolitan)'은 사상이나 행동반경이 국제적인 넓이를 가진 사람으로 여러 나라 언어를 구사하며 세계 각지를 여행하는 사람을 가리키기도 한다. 조양호와 많이 닮았다. 조양호도 세계시민주의자, 코즈모폴리턴이었다.

"여행이 소중한 까닭은 떠나고, 만나고, 새로운 경험의 과정에서 삶을 풍요롭게 하기 때문이다. 경영도 마찬가지다. 떠나고, 만나고, 새로운 것으로 개선하는 과정의 끊임없는 반복이 경영이다."

세계주의자는 민족주의의 폐쇄적 가치로는 세계의 보편적 변화에 적응해 발전할 수 없다고 생각한다. 국가의 독특한 가치관만 지향하고 다른 것들을 부정함으로써 나타나는 편견과 관습을 바로잡으려 한다. '세계화(Globalization)'와 '세계주의'를 혼동해선 안 된다. 세계화는 표준화, 동종화, 획일화로 나타나는 물질주의적 세계관이 병존하지만 세계주의는 조화로운 세계관으로 물질주의 극복을 지향한다.

코즈모폴리턴은 배타성과 지역성을 뛰어넘는다. 조양호도 '한국사람끼리만 한다'는 식의 사고방식을 버리지 않으면 세계화 추세에서 살아남기 힘들다고 역설했다.

"엄밀하게 말하면 '로컬라이제이션(지역화)'이 '글로벌라이제이션(세계화)'다."

"모든 세계주의자는 개인주의자다"라는 말과 일맥상통한다. 세계주의자가 되려면 국가와 민족을 초월해야 한다. 개인주의를 이기주의로 혼동하는 사람들이 있는데 개인주의로 분화하지 않으면 세계주의로 나아갈 수 없다.

종은 인류 모두를 위해 울린다
사회적·환경적 의무 다하는 인류사회 일원

　어니스트 헤밍웨이(Ernest Miller Hemingway)는 1·2차세계대전과 스페인내전, 그리스터키전쟁, 심지어 중일전쟁에도 참여했다. 사냥터에도 타자기를 가지고 다니며 소설을 쓰고 독서를 하는 쓰기광이며 읽기광이었다. 세계를 두루 섭렵하며 그곳에서 체험한 일상과 감정을 글로 남긴 만큼 범세계적이고 국제적인 최초의 코즈모폴리턴 작가였다. 조양호도 세계 곳곳을 누빈 코즈모폴리턴 사진작가였다.

　헤밍웨이는 〈누구를 위하여 종은 울리나〉에서 이렇게 썼다.

　『모든 사람이 대륙의 한 조각, 본토의 한 부분이다. 나도 인류의 한 부분이니 친구의 죽음은 나의 한 부분이 떨어져 나가는 것이다. 그러니 '누구를 위해 종이 울리는지 알아보려 하지 말라. 종은 자신을 위해 울리는 것이므로.』

　스페인내전에 세계 곳곳의 젊은이들이 참전한 이유도 그랬다. **53**개국에서 모인 **3만2,000**여 명의 국제여단 의용군은 자비로 스페인에 들어와 스페인 민중을 위해 목숨을 바쳐 싸웠다. 어느 나라에 살든 인류의 한 구성원이라는 믿음이 있었기 때문이다. 우리는 모두 세계시민이므로 종이 누구의 죽음을 애도하는 것이든 나를 위해 울리는 것이기도 하다. 종은 인류 모두를 위해 울린다. 조양호도 환경을 보호하는 것은 곧 우리 고객을 사랑하는 것이며 우리 자신과 인류를 사랑하는 것으로 생각했다.

"경제적 의무뿐 아니라 사회적·환경적 의무를 다해 인류사회의 일원으로 더불어 발전하기 위한 지속가능경영의 기반을 다져야 한다. 환경경영은 미래를 준비하는 것으로 우리 회사가 영속할 튼튼한 기반이 될 것이다."

조양호에게 코즈모폴리터니즘은 생존의 문제였다.

"지속되는 위기와 예측 불가한 환경 변화 속에서 우리가 지속적으로 생존하기 위해서는 내부뿐 아니라 우리를 둘러싸고 있는 모든 공동체와 긴밀하게 협력하고 함께 발전하고자 하는 노력이 절대적으로 필요하다. 동행의 요체는 '유아독존'이나 '나만 잘살자'라는 생각에서 벗어나 이웃과 힘을 보태고 정을 나누어 밝은 세상을 만드는 것이다."

칭기즈칸도 코즈모폴리턴이었다. 자신을 낮출 줄 알았으며 전쟁터에서는 병사들과 똑같이 식사하고 똑같은 모포를 덮고 이슬을 맞으며 생사고락을 함께했다. 약속하면 지켰고 그들의 꿈과 이상에 대해 이야기를 나누었다. 순박하고 정직한 유목민들을 통해 인간의 참된 모습이 무엇인지 깨닫고 감격했으며 그들을 평생 동지로 삼았다. 많은 재물을 소유했음에도 소박한 생활을 했다. 그의 말에는 가식이 없었으며 행동에는 진정성이 있었다. 신무철 전 대한항공 홍보실장은 "회장님의 소탈함에 놀랄 때가 많았다"며 "해외출장 중에 배가 고프면 패스트푸드점에 들러 스스럼없이 우리와 함께 줄을 서 햄버거를 받아오시던 모습이 그립다"고 말했다.

"팍스 몽골리카(Pax Mongolica, 몽골의 평화)! 수레가 통하는 길이 끊기지 않게 하라."

칭기즈칸의 진면목은 수송으로 길을 개척한 조양호의 진면목과 일맥상통한다. 조양호는 한진그룹의 창업이념인 '수송보국'을 진화시켜 기업의 사회적 책임과 기여의 영역을 전 세계로 확장했다.

"우리의 정성이 어려운 이웃에게는 큰 힘이 되고 함께 살아갈 희망이 될 것이다. 봉사와 실천을 통해 사회로부터 신뢰와 사랑을 받는 공동체의 일원이 돼야 한다."

2005년 북극성훈장 수훈 후 바가반디 몽골 대통령과

chapter 2
따듯하게 조용하게

임원은 깜짝 놀랐다.
자신이 대상포진에 걸린 걸
회장이 알고 있었다는 사실에 놀랐고
병의 원인과 증상, 그 통까지
찾아봤다는 사실에 감동했다.

평창조직위 심금 울린 '회장의 편지'
"외롭고 힘들수록 서로 돕고 격려하라"

『평창과 강릉 현지에서 올림픽 준비에 여념이 없는 우리 한진그룹 직원 여러분께 치하와 함께 감사의 말씀을 드립니다.』

2016년 봄, 2018평창동계올림픽 조직위원장에서 물러난 조양호는 그 해 가을, 대한항공 33명과 ㈜한진 2명, 한진정보통신 4명, 한진관광 5명 등 조직위에 파견한 그룹 사원들에게 이메일을 보냈다. 어지러운 정국에 흔들리지 말고 평창대회의 성공 개최에 힘써 달라는 당부의 메시지였다.

『사랑하는 가족, 친구들과 헤어져 낯선 곳에서 근무하느라 고충이 많으리라 생각됩니다. 더구나 최근의 정국 현안으로 인해 여러 가지 마음 고생도 클 것으로 짐작됩니다.』

자신의 갑작스런 하차에도 흔들림 없는 자세를 당부했다.

『올림픽 성공을 위해 외부 환경에 흔들리지 말고 당당하게 소신껏 행동하기 바랍니다. 올림픽은 아무나 경험할 수 없는 세계 최고 수준의 국제대회입니다. 일이라고만 생각하지 말고 특별한 경험을 쌓는 자기계발의 호기로 삼아 자부심과 긍지를 갖고 적극적으로 맡은 바 업무를 해주기 바랍니다.』

조양호는 이렇게 글을 맺었다.

『여러분의 소중한 경험은 곧 회사의 자산이 될 것입니다. 한 분도 빠짐없이 끝까지 대회를 성공적으로 이끌어주길 바랍니다. 외롭고 힘들겠지만 서로 돕고, 격려하고, 의지하며 어려움을 이겨내기 바랍니다. 대회를 성공적으로 마친 후 당당하게 복귀하는 여러분의 밝은 미소를 꼭 보고 싶습니다. 직원들께는 그에 따른 적절한 보상이 뒤따를 것임을 다시 한 번 약속합니다.』

한진그룹에서 파견된 한 조직위 관계자는 "이메일을 받고 울컥했다"고 말했다. 직원들에 대한 애정과 함께 석연찮은 이유로 물러났음에도 평창올림픽을 걱정하는 마음이 여전히 뜨거웠기 때문이다.

2016년 2018평창동계올림픽 조직위 파견 직원들과

대상포진의 고통을 알고 있었다
마음으로 '나'와 '너'가 만날 때

보잉과 신형기 도입 협상이 한창이던 2000년대 초, 조양호는 항공기 구매 담당 임원에게 가격은 낮추고 납기는 당겨야 한다는 미션을 주었다. 임원은 보잉 측과 수개월에 걸쳐 줄다리기를 한 끝에 이견을 좁힐 수 있었다. 최종 협상은 조양호가 마무리해야 했다. 조양호는 임원을 대동하고 한 호텔에서 보잉 사장을 만났다. 그런데 협상과는 무관한 엉뚱한 얘기로 말문을 열었다.

"대상포진이 어떤 병인 줄 아시오? 그 병에 걸리면 통증이 이루 말할 수 없는데 우리 임원이 그 끔찍한 병에 걸렸다고 합니다. 극심한 스트레스가 원인일 수 있다는데 그만 애먹이고 협상을 끝냅시다."

임원은 깜짝 놀랐다. 자신이 대상포진에 걸린 걸 회장이 알고 있었다는 사실에 놀랐고, 그 병의 원인과 증상, 고통까지 찾아봤다는 사실에 감동했다. 대상포진이 영어로 'herpes zoster'인 것도 그때 알았다. 보잉 사장도 처음 알게 된 눈치였다.

조양호는 고통을 겪은 임직원과 함께 아픔을 나누는 일을 마다하지 않았다. 2010년 임파선암 판정을 받은 임원을 미국 암전문병원으로 보내 치료받도록 했고, 2012년 초 퇴직한 다른 임원의 암 발병 소식을 들었을 때도 적극적으로 도왔다.

김성수 전 한진정보통신 대표는 그룹 내에서 조양호가 마음을 터놓고 편하게 이야기할 수 있는 사람이었다. 임원들이 조양호에게 면전에서 말할 수 없는 이야기도 다리를 놓아주고 오해하지 않도록 설명해주곤 했다. 조양호 역시 공식적으로 말하지 못하는 답답함이 있을 때마다 김성수를 불러 털어놓곤 했다. 오지로 사진 촬영을 할 때도 늘 동행하는 사람이었다.

그러던 어느 날 다른 임원이 보고한 내용에 대해 김 전 대표가 부연 설명을 했는데 조양호가 평소와 달리 불같이 화를 냈다. 원래 보고 내용이 맘에 들지 않았던 것이다. 김 전 대표는 조금 억울한 생각이 들기는 했지만 평소 너무 막역하게 지내 선을 넘은 것이 회장을 언짢게 했다 생각하고 말을 삼가기로 했다. 그런데 며칠 후 김 전 대표는 다른 임원에게서 뜻밖의 얘기를 들었다. 조양호가 그 임원에게 "애꿎은 김 대표에게 화풀이를 한 것 같아 미안하다"며 "전혀 본심이 아니었으니 마음에 담아두지 말라 전해 달라"고 했다는 것이었다. 김 전 대표는 인터뷰 때 그때 일을 얘기하다 끝내 눈물을 흘렸다.

조양호는 2006년 사진달력 서문에 이렇게 썼다.

『사진은 마음으로 '나'와 '너'가 만날 때 진정한 이해를 바탕으로 표현되는 것이 아닐까?』

재벌가 장남이지만 어릴 때부터 검소함을 배운 조양호는 소박했다. 가장 좋아한 반찬이 고등어구이였고, 옷도 브랜드를 중요하게 생각하지 않았다. 카메라만 좋은 것 하나 있으면 됐다. 점심을 짜장면과 샌드위치로 때울 때가 많았는데 조현민 ㈜한진 사장이 한번은 강서구에 있는 맛집으로 안내했다.

"깨끗이 드시고 나서 '맛없어!' 하셨죠. 음식 남기는 걸 싫어하셨어요. 샌드위치도 식사시간을 쪼개야 할 만큼 바쁘셔서 자주 드셨지만 입에 맞지 않는 밥도 다 먹어야 하는 성격이라 남기지 않고 다 먹을 수 있는 음식이라 더 좋아하신 것 같아요."

사진도 "트리밍 하라", "뽀샵' 하라" 한 적이 없었다. 찍힌 대로 두라고 했다. 아내가 골라준 넥타이가 마음에 안 드는 날은 종일 수시로 당기곤 했는데 아내를 탓하거나 바꿔 매는 법이 없었다. 이명희 전 일우재단 이사장의 얘기다.

"제가 잘못해도 아이들 앞에서 타박하는 법이 없었죠. 그러면 엄마를 무시한다면서요. 그렇게 생각이 깊었어요."

어린왕자를 사랑한 야간비행사

조양호는 아이들을 무척 좋아했다. 어린이날이면 영종도 인근 보육원생과 초등학교 학생들을 초청해 공항을 체험하게 했다. 2005년엔 인천공항 인근 운서초등학교 학생들이 '어린이전용 사이버카운터'도 둘러봤다.

2013년 대한항공이 개발에 참여한 한국 최초 우주발사체 나로호 (KSLV-I)가 전남 고흥 외나로도 나로우주센터에서 발사되자 영남면 남열리 우주발사전망대는 전국에서 온 어린이들로 가득찼다. 조양호는 통제센터에 들어가다 전망대에 가지 못하고 계단에 옹기종기 모여 있는 인근 초등학교 아이들을 보고 지나치지 않았다. 서울로 올라와 섬 아이들에게 서울구경을 시켜주라고 지시했다. 난생 처음 비행기를 타 본 아이들은 신이 났다. 에버랜드, 63빌딩 수족관에도 가고 한강유람선도 탔다. 대한항공 격납고에 가서 비행기 조종석에도 앉아 기장과 함께 사진도 찍었다.

2009년엔 베이징 훙싼초등학교에서 중국 내 사회공헌활동 프로젝트인 '애심계획(愛心計劃)'을 발표하고 윈난(雲南)성 최대 지진 피해 지역인 자오퉁(昭通)시 초등학생 15명을 제주로 초청했다. 쓰촨성 남부에 인접한 윈난성은 잇딴 대지진으로 400여 명이 사망하거나 실종되고 29만9,700채의 가옥이 무너져 내리는 피해를 입었다. 대한항공은 쓰촨성 대지진 때도 특별 화물기를 투입해 담요 2,000장과 생수 1.5리터 3만6,000병을 공수했다.

어린이들은 정석비행장을 방문해 조종사훈련 시뮬레이터를 타보며 꿈을 키웠다. 제주민속촌박물관, 천지연폭포, '신비의 도로' 등지를 찾아 제주의 자연과 문화를 체험하고 제주 월랑초등학교 학생들과 전통악기 연주, 합창을 하며 즐거운 시간을 보냈다.

2011년엔 베이징 인근 훙싱초등학교에 베이징, 톈진, 칭다오 등 중국 19개 지점에서 업무용으로 사용하던 PC 70대를 교육용으로 기증한 데 이어 베이징 치차이학교에도 컴퓨터 63대를 기증하고 서울 월계동 선한이웃병원 의료봉사단과 활동하기도 했다.

날아라! 내가 그린 예쁜 비행기
어린이 꿈에 날개를 달아주다

2009년 대한항공은 창사 40주년을 맞아 어린이들이 그린 그림을 항공기에 디자인하는 '내가 그린 예쁜 비행기'(내그비) 행사를 개최했다. 9월이면 대한항공 격납고는 꿈많은 어린이들을 위한 놀이터로 변신했고, 어린이들의 상상이 그림으로 펼쳐지는 축제의 장이 됐다. 우리나라는 물론 해외 초등학생 포함 300여 팀이 참가했고, 어린이들은 대한항공에서 제시한 다양한 주제로 솜씨를 뽐냈다. 각각의 주제는 어린이의 시각으로 새롭게 해석돼 멋진 작품들로 태어났다.

이 작품들은 대한항공 항공기에 래핑돼 지구촌 하늘 곳곳을 누비며 생생한 감동과 의미 있는 메시지를 전했다. 어린이들의 기발한 상상이 세상에 둘도 없는 '하늘갤러리'로 구현된 것이다. 최우수팀에 미국 보잉 본사를 4박5일 견학하는 기회를, 2등에게는 제주도의 대한항공 정석비행장 견학 기회를 주었다.

2017년 내그비는 '나의 가장 친한 친구, 머핀을 소개합니다'라는 주제로 열렸다. 2018년 내그비는 'Together_상상해봐요! 우리 모두가 함께 만드는 즐거운 세상'을 주제로 열렸다. 경쟁방식이 아닌 참가자 모두가 협동해 대형 작품을 완성하는 방식으로 진행됐다. 2019년 내그비는 '산 너머 친구야, 하나, 둘, 셋~ 함께 놀자! 여기는 평화놀이터'란 주제로 열렸다.

소리 소문 없이 실천한 '키다리아저씨'
전 세계로 퍼져나간 따뜻한 마음

조양호는 봉사활동을 꾸준하고 조용하게 지속했다. 2004년 조양호가 참석한 가운데 '아름다운 토요일' 행사에 임직원 3만 명이 정성스럽게 기증한 물품 9만 점을 판매하는 행사를 가졌다. 매월 임직원 급여의 1,000원 미만을 적립하고 회사가 매월 임직원 모금액과 같은 금액을 적립한 기금을 사내 등록 봉사단체에 지원했다. 조양호의 따뜻한 마음은 전 세계로 퍼져나갔다. 국제한국입양인봉사회(InKAS) 주최 해외 입양인 모국 방문 프로그램을 통해 매년 40여 명의 해외 입양인을 초청해 우리 문화와 역사를 학습하는 기회를 제공했다.

금융위기였던 1997년 한국에 초청된 중국 용정 신안소학교 예술단 50명을 시작으로 매년 항공권 100매씩을 지원해 '사랑의 일기' 잔치에 해외 어린이들을 초청하기도 했다. 2000년 잠실 실내체육관에서 열린 '사랑의 일기 큰잔치'에는 세계 200여 명 아이와 지도교사에게 항공권을 지원하고 2012년부터 2014년까지 '사랑의 일기' 제작에 3억 원을 지원해 국내 저소득층 아이들에게 일기장을 무료로 배포하도록 했다. 조양호 빈소를 찾은 고진광 인간성회복운동추진협의회 이사장은 "조 회장은 소리 소문 없이 아이들에 대한 사랑을 실천했다"고 추억했다. 조양호는 네팔 청소년들의 교육 증진을 위한 '엄홍길휴먼재단'에 초과수하물과 무료 항공권을 매년 지원했으며 국제 NGO 월드비전에서 주관하는 자선 경매 행사 '아이드림(I Dream)'에 2013년과 2018년 무료 항공권을 지원하기도 했다.

조양호는 위안부 피해 할머니들의 한국 호송 치료도 적극 후원했다. 2016년 중국 우한 한코우에 입원치료 중이던 하상숙 할머니를 안전하게 모셔오기 위해 기내에 환자용 침대를 설치하기도 했다. 국내외에서 태풍, 지진 등 재난이 발생할 때마다 항공기, 선박, 차량 등을 이용해 신속하게 구호물자를 수송해 어려움에 처한 이웃에게 조금이나마 도움을 주고자 했다.

1998년 중국 후베이성 대홍수 참사 때 시작해 터키, 일본, 미국, 미얀마, 뉴질랜드, 필리핀, 라오스, 인도네시아 등을 거쳐 최근 발생한 강원도 산불 때까지 대한항공의 구호품 지원은 25차례가 넘는다.

크리스마스카드와 피아노
안쓰러운 한진해운 컨테이너

이석우 변호사는 조양호와 경복중·고 시절을 함께 보낸 친구다. 판사 시절인 1987년 한 달간 미국 네바다주 리노에서 연수를 받게 됐을 때 대한항공 전무이던 조양호가 찾아와 고교 졸업 후 20년 만에 재회했다. 1994년 변호사를 시작하면서 자주 만나다 1999년 조양호가 사법리스크로 어려움을 겪을 때 법률자문을 해주며 더 가까워졌고, 2001년부터 대한항공 법률고문으로, 2006년부터 사외이사로 일했다.

"조용한 성격이었지만 친구들과 잘 어울렸어요. 가정형편이 어려운 친구들을 보면 그냥 못 넘어갔죠. 중학교 땐 한 친구가 학비에 보태려고 크리스마스카드를 만들어 친구들에게 팔았는데 양호가 나서서 여러 장을 사주면서 다들 동참했었죠."

그룹을 책임져야 했던 조양호는 동창들을 자주 만날 상황은 아니었지만 동기모임에 가끔이라도 참석했는데 친구들의 어려운 사정을 알게 되면 어떻게든 도움을 주려고 애썼다. 휴가 때 여행을 떠나면 수행비서 대신 친구들을 초청해 함께 다녔다.

조양호는 무뚝뚝하다는 소리를 많이 들었다. 조현민 ㈜한진 사장도 어릴 땐 그런 줄 알았다고 한다.

"돌아가시고 나서 많은 분이 아빠 덕분에 힘든 시기 기댈 곳이 있었다 하셨어요. 아무 조건 없이 조용히 지원해 주신 걸 알고 나서 아빠를 잘 모르는 사람들처럼 오해한 것이 얼마나 죄송했는지 몰라요."

고교시절

지구가 너무 작았던 코즈모폴리턴

75

1983년 스페인 라스팔마스

　동문 후배들에 대한 애정도 각별했다. 경복고 2학년이던 1966년 아버지 조중훈 회장이 당시 국내에서 가장 큰 야마하 그랜드피아노를 학교에 기증했는데, 41년 후인 2007년 피아노가 노후돼 사용할 수 없게 되자 조양호는 수천만 원을 들여 피아노를 분해해 일본 본사로 보내 수리·복원했다. 2004년 경복기념관 건립 땐 1억 원을 기증하기도 했다. 동기회, 동창회에 크고 작은 찬조와 기부를 아끼지 않았고 형편이 어려운 친구들을 남모르게 도와주었다.

　동생들에게도 속정이 깊었다. 특히 너무 일찍 세상을 떠난 조수호 한진해운 회장이 눈에 밟혔다. 조현민 사장이 미국유학 시절 USC 이사회 참석차 팜스프링스(Palm Springs)로 가는 조양호를 동행했을 때 일이다.

"아빠가 갑자기 차를 세우시더니 달리는 화물열차를 한참 동안 바라보셨죠. 한진해운 컨테이너가 반 이상 실려 있었거든요. 훗날 삼촌 돌아가시고 해운을 살리려고 얼마나 노력하셨는지 몰라요. 조카들한테도 '큰 회사에 들어가 해운을 배워라. 너희가 이끌어가야 한다'고 제 귀에도 못이 박히도록 말씀하셨는데 동생들이 어려서 시큰둥하거나 건성으로 대답할 때마다 안쓰러워하셨어요. 먼저 간 동생과 아버지 생각에 더 그러셨겠죠."

chapter 3
같은 세상도 다르게 본 혜안의 앵글경영

사진을 정리하다
어릴 적 추억을 만났다.
머릿속 기억은 희미하지만
사진 한 장으로
오래된 기억을 되돌릴 수 있었다.
사진의 소중함을 가르쳐 주신 아버지,
짐보다 카메라가방이 더 큰 내 아들,
사진의 매력을 가르쳐 주고 싶은 손자들.
이렇게 아버님의 사랑은 이어지고 있다.

_2012년 사진달력 중에서

강대국의 언어, 언어의 강대국

"국어를 지키고 있는 것은 감옥에서 열쇠를 쥐고 있는 것과 같다."

알퐁스 도데(Alphonse Daudet)의 단편〈마지막 수업〉(La Dernière Classe)에 나오는 프랑스 격언이다. 19세기 알자스(Alsace)와 로렌(Lorraine)의 귀속 문제로 촉발된 프랑스-프로이센(독일) 전쟁 중 알자스 소년 프란츠는 들판에서 뛰어노느라 학교에 지각했는데 아멜 선생님은 평소와 달리 정장차림이었고 교실 뒷자리에는 마을 어른들도 앉아 있었다. 그날은 알자스가 프로이센령이 돼 프랑스어로 하는 마지막 수업이었다.

프랑스인들의 모국어사랑은 유별나다. 이방인(étranger)이 영어로 길을 물으면 영어를 할 줄 알아도 프랑스어로 대답할 정도다. 그런 프랑스가 루브르박물관과 오르세미술관의 오디오 작품해설 서비스에 한국어를 포함시킨 것은 파격이었다. 그 파격을 이끌어낸 사람이 조양호다. 작품해설 서비스에 자국 언어를 추가하려는 노력을 각국 정부 차원에서 전개했는데 우리나라는 조양호가 성사시킨 것이다.

대한항공 파리사무실이 루브르박물관에서 걸어서 15분 거리에 있어 오래 전부터 파리에 출장 갈 때면 종종 들르던 조양호는 한국 관광객들이 관람할 때 우리말 서비스가 없어 아쉬워하는 것이 안타까웠다. 박물관을 한 바퀴 슬쩍 돌고 나오는 '깃발부대'에서 벗어나 한 작품이라도 천천히 감상하며 제대로 이해하도록 해주고 싶었다.

루브르에서 스폰서 제안이 들어왔을 때 조양호는 '이때다!' 싶었다.

2015년 기 코즈발(Guy Cogeval) 오르세미술관장과

유럽의 유적지를 답사하며 글로벌기업들이 인류의 문화유산을 보존하는 데 기부하는 것을 보면서 '우리는 언제쯤 할 수 있나' 부러웠던 조양호는 그 기회에 '한국어를 집어넣자'고 생각했다. 후원 규모를 불문하고 조건은 하나라고 못을 박았다.

"작품해설 서비스에 한국어를 넣어 주시오."

작품해설 언어는 관람객 비중에 따라 제공한다지만 결국 국력, 특히 문화력에 좌우되게 마련이다. 한국인 관람객들은 답답하지만 불만은커녕 책에서나 봤을 유럽 건축의 웅장함에 압도됐다. 그 시절 한국의 위상을 생각하면 주눅이 들어 한국어 서비스는 상상도 못할 일이었다. 조양호는 달랐다. 프랑스 입장이 아니라 한국과 세계적 관점에서 보면 납득할 수 없는 일이었다.

'루브르나 오르세가 소장한 작품들이 프랑스만의 것인가. 전 세계인

2008년 루브르박물관 한국어 해설 서비스 후원

이 감상할 인류의 문화예술 유산이 아닌가. 그런 유산을 해설 서비스가 제공되는 언어의 국민만 감상하고 향유할 권리가 있는가. 한국인에게도 그럴 기회를 주는 것이 마땅하지 않은가.'

관점을 바꾸면 한국인 관람객 규모가 작아 한국어 해설 서비스를 하지 않는 게 아니라 한국어 서비스를 하지 않아 한국인 관람객이 적은 것일 수도 있었다. 아버지 조중훈이 유럽노선을 개척할 때도 그런 관점이었다. "파리로 가는 한국인 승객이 적은 게 아니라 파리노선이 없어 파리로 가는 한국인이 적은 것"이라는 논리로 김포-파리노선을 뚫었다. 수많은 한국인이 루브르를 찾았지만 조양호처럼 생각하는 사람은 없었다. 모두가 '프랑스'라는, '루브르'라는, '작품'이라는 프레임에 갇혀 전체를 보지 못했지만 조양호는 박물관 밖에서 세계적 시각으로 본질을 꿰뚫었다. 루브르 밖에서 루브르의 진정한 가치와 의미를 깨닫고 한국인도 세계인으로서 당당하게 모국어로 해설 서비스를 받을 자격이 있음을 주장하고 실현해낸 것이다.

조양호는 루브르박물관, 런던 영국박물관, 러시아 상트페테르부르크 에르미타주박물관에 이어 '현대미술의 교과서'로 불리는 파리 오르세미술관에도 한국어 작품해설 서비스를 지원했다. 대한항공의 후원으로 영어, 스페인어, 독일어, 일본어, 중국어 등 8개 언어로 제공되던 오르세의 작품해설 서비스에 한국어가 추가되고 가이드맵(guide map)과 카탈로그도 한글로 선보였다. 다들 처음에는 난색을 표했지만 조양호의 논리에 설득돼 차례로 한국어 작품해설 서비스를 받아들였다. 모국어 수호를 '감옥의 열쇠'로 여기는 프랑스인들도 관점을 바꾸어 조양호의 모국어사랑을 인정할 수밖에 없었던 것이다. 조양호는 강대국이라서 언어 서비스가 되기도 하지만 거꾸로 언어 서비스가 되면 문화예술강국의 지위를 얻게 된다는 역설을 보여주었다.

모파상이 에펠탑에서 밥먹는 이유
'평화의 벽' 속에 에펠탑을 담다

〈여자의 일생〉(Une vie)을 쓴 기 드 모파상(Guy de Maupassant)은 19세기 말 점심마다 에펠탑(La Tour Eiffel)으로 가 엘리베이터를 타고 꼭대기층 레스토랑으로 직행했다. 샹젤리제거리와 루브르박물관, 파리시청, 노트르담대성당은 물론 몽마르트언덕까지 보이는 창가에서 식사를 하고 차를 마시고 책을 읽고 글을 썼다. 모파상 덕분에 에펠탑 꼭대기 레스토랑은 파리의 명소가 됐는데, 모파상이 매일 에펠탑에서 점심을 먹는 이유는 따로 있었다.

모파상은 에펠탑이 싫어 에펠탑에 간 것이었다. 파리만국박람회를 앞두고 프랑스대혁명 100주년을 기념하기 위해 세계에서 가장 높은 인공구조물로 에펠탑이 설계됐을 때 예술가들은 "파리 경관을 망친다"며 극렬하게 반대했는데 모파상도 그중 한 사람이었다. 정부가 밀어붙여 에펠탑이 들어서자 모파상은 분노했다. 파리에서 에펠탑이 보이지 않는 곳이 없었고, 파리를 떠날 수도 없던 모파상은 기발한 아이디어를 떠올렸다. 에펠탑에 올라가면 에펠탑이 보이지 않을 거라는 역발상이었다. '관점'이란 이처럼 획기적인 것이다. 모파상이 에펠탑 안으로 관점을 바꾸어 파리 어디서나 보이는 랜드마크 에펠탑을 시야에서 사라지게 한 것처럼 에펠탑을 전혀 다른 시각으로 본 포토그래퍼가 조양호다. 파리에는 '평화의 벽(Mur pour la Paix)'이 있다. 두 개의 금속기둥 양옆 유리벽에 49개 언어로 '평화'라는 단어가 적혀 있는데 한글도 있다. 조양호가 '평화의 벽' 사이에 들어온 에펠탑을 찍었을 때 사람들은 "합성한 것 아니냐?"는 반응이었다. 에펠탑도 아니고 '평화의 벽'도 아닌 이 작품의 이름을 붙이자면 '평화의 에펠탑'쯤 될 것이다. 전위적인 구도가 돋보였다.

내가 "사진을 왜 찍느냐?"고 물어보았을 때 조양호는 "남들이 가보지 않은 곳을 먼저 가보고 보여주고 싶어서"라고 답했다. 처음엔 이해가 잘 되지 않았다. 조양호의 작품에 담긴 풍경은 대부분 잘 알려진

2009년 에르미타주박물관 한국어 해설 서비스 후원

2009년 대영박물관 한국어 해설 서비스 후원

곳이었기 때문이다. 조양호가 말한 '남들이 가보지 않은 곳'은 아주 먼 오지나 미지의 세계가 아니라 다른 관점으로 본 세상이었다. 같은 장소, 같은 피사체라도 앵글을 어떻게 맞추느냐에 따라 전혀 다른 사진이 나온다는 뜻이었다. 조양호의 '앵글경영론'이 형상화된 '평화의 에펠탑'도 그런 사진이다.

"다들 에펠탑만 덩그러니 찍었지, 앵글을 이렇게 새롭게 잡으니까 느낌이 다르지 않은가. 이미 가본 사람도 다시 가보고 싶지 않을까?"

'평화의 벽' 사이로 촬영한 에펠탑

'혼자의 자유'를 아는 바람의 경영자

조양호는 대외행사에 비서를 동행하지 않고 시간이나 격식에도 구애받지 않았다. 여행 중에도 노트북PC를 열어 회사 현황을 파악하고 결재했다. 담배를 피우지 않고 술은 와인 한 잔이 고작이며 골프도 즐기지 않은 조양호의 취미는 사진촬영이었다. 중학교 때 부친에게 카메라를 선물로 받으면서 사진에 빠졌다. 사진집을 출간했을 정도로 실력이 수준급이었는데 유명 사진작가들을 소개받아 체계적으로 공부하면서 관심이 더욱 커졌다. 촬영한 사진을 모아 매년 달력을 제작하고 촬영한 사진을 대한항공 광고에 쓰기도 했다. 출장길에도 항상 카메라를 챙겼다. 사진을 찍는 이유는 기술을 자랑하기보다 좋은 곳을 찍어 사람들에게 보여주고 싶어서였다.

조양호는 어렸을 때부터 혼자 여행하기를 좋아했다. 미국에서 고등학교를 다닐 때 목적지를 정하지 않고 혼자서 지도를 보면서 미국 전역을 돌기도 했다. "혼자 숙소를 찾고, 발길 닿는 대로 이곳저곳을 돌아다닌 기억이 눈으로 사진을 찍어놓은 듯 선하다"고 했다. 1968년 스무 살 땐 하루에 5달러를 쓰면서 여행안내서 한 권을 들고 유럽 전역을 무작정 돌아다녔다. 아침식사를 포함해 숙박료로 2달러를 내고 3달러로 하루 경비를 충당했다. 게스트하우스에 여럿이 모였다 흩어졌다 했는데, 이 역시 소중하게 생각하는 추억이었다. 회장이 된 후에도 친구

과 차 한 대를 끌고 길가 모텔에 묵으면서 미대륙을 횡단하기도 했다. 조양호는 "젊은이들은 무조건 밖으로 돌아다녀야 한다"며 "나는 밖에 나가면 한국음식을 거의 먹지 않는다"고 말한 적이 있다. 다른 곳에서, 다르게 자고, 다르게 먹어야 세상과 인생을 다른 관점에서 볼 수 있다고 생각했다.

사진으로 작품활동을 시작한 건 2000년 이후였다. 카메라는 항상 들고 다녔지만 혼자선 못 찍고 오기 일쑤였다. 해외에선 주로 이명희 전 일우재단 이사장이 동행하면서 사진 촬영을 하자고 제안했다.

"그렇게라도 쉬게 하고 싶었어요. 1박으로 카메라가방 하나만 들고 나갔죠. 일하면서 촬영을 다니니 갔다 와도 어딘지 몰랐어요. 제가 '어디였다', '언제 찍었다' 알려주었죠. 스위스든 프랑스든 숙소에서 새

벽에 일어나 동네를 돌아다니며 포인트를 잡아놓았다 안내했죠. 특히 길을 좋아했어요."

사진은 아버지한테서도 영향을 받았지만 고등학교 때 사진반 활동을 한 게 계기가 됐다. 사진반에서 울릉도에도 갔었다고 한다.

"사진달력 문구는 제가 쓰고 현민이가 영어로 번역을 했지요. 2002년 처음 펴낸 사진달력과 십수년 후 사진달력은 확연히 달라요. 갈수록 입체적이고 풍부해졌어요."

사진 찍기는 취미, 비즈니스, 시장 개척으로 '일석삼조'였다. 해외출장 때도 카메라를 손에서 놓지 않았는데 유작이 된 2019년 사진달력에 실린 히말라야산맥도 출장길에 만든 역작이다. 2018년 인도 출장에서 돌아올 때 비즈니스제트기가 히말라야 상공을 지나도록 항로를 설정해 8,000미터대 14좌 중 여러 봉우리가 한눈에 들어오도록 앵글을 잡고 셔터를 눌렀다. 초고속으로 나는 제트기 창문에 렌즈를 대고 촬영했다는 게 믿어지지 않을 만큼 초점이 선명하다.

조양호는 사진이 자신만의 것으로 남는 것을 원하지 않았다. 촬영한 사진으로 달력을 만들어 국내·외 기업 최고경영자와 주한외교사절에게 선물했다. 조양호는 "사진달력은 일종의 세일즈 프로모션"이라고 했다.

조양호가 세계 곳곳에서 렌즈에 담은 사진은 일의 기록이자 삶의 흔적이다. 조양호에게 카메라와 여행은 업무의 연장선이었다. 취항지를 결정할 때 보고만 받는 게 아니라 현지를 답사했는데 1990년대 말 허름한 숙소에서 자고 패스트푸드를 먹으면서 18일 동안 6,000마일(9,600km)을 운전하며 미국 곳곳을 살펴보기도 했다. 주요국 취항지를 돌며 노선을 개설할 만한 곳인지 발품을 팔아 확인한 노력은 성과로 이어졌다. 베트남 하롱베이, 튀르키예 이스탄불, 중국 황산은 조양

호가 답사를 통해 시장성을 간파하고 노선을 개발한 취항지다. 조양호의 미대륙 횡단 경험은 선풍적인 인기를 모은 대한항공 광고캠페인 '미국 어디까지 가봤니?'를 탄생시켰고, 이후 출판과 방송에서 '~

2018년 조양호는 인도 출장에서 돌아올 때 비즈니스제트기가 히말라야 상공을 지나도록 항로를 설정해 8,000m 14좌 중 여러 봉우리가 한눈에 보이는 풍경에 앵글을 잡고 셔터를 눌렀다. 제트기 창문에 렌즈를 대고 촬영한 것이다.

어디까지 가봤니?' 시리즈로 패러디돼 지금까지도 유행하고 있다. 조양호는 마음에 드는 곳을 여러 번 찾기보다 가보지 않은 곳이나 사람들이 잘 가지 않은 곳, 그래서 잘 알려지지 않은 여행지를 선호했는데 그런 남다른 여행이 관점을 바꿔 기업 혁신을 이끄는 '앵글경영론'으로 이어졌다. 조양호는 세계 어디를 가든 풍경과 문물과 사람을 배우는 데 열정적이었다. 마치 호기심 많은 아이처럼. 2011년 사진달력 서문에 쓴 글이 새롭다.

『요즘 손자들을 보며 세상 사는 법을 다시 배우고 있습니다. 선친이 아들과 그랬듯이 나도 손자들과 함께 세상구경 나설 날이 기다려집니다. 그때 카메라를 통해 보는 세상이 다양한 의미로 다가온다는 것을 알게 되겠지요.』

2012년 사진달력에 쓴 글은 한 편의 시(詩)다.

사진을 정리하다 / 어릴 적 추억을 만났다 / 머릿속 기억은 희미하지만 / 사진 한 장으로 / 오래된 기억을 되돌릴 수 있었다 / 사진의 소중함을 가르쳐 주신 아버지 / 짐보다 카메라가방이 더 큰 내 아들 / 사진의 매력을 가르쳐 주고 싶은 손자들 / 이렇게 아버님의 사랑은 이어지고 있다

조원태 한진그룹 회장은 2022년 '故 일우 조양호 회장 추모 사진전'에서 "아버지와 함께 출장길에 바쁜 와중에도 카메라를 챙겨 같은 풍경을 각자 다른 앵글로 담아내고 비교해 보며 속 깊은 대화를 나누던

기억이 생생하다"고 회고했다. 차녀 조현민 ㈜한진 사장도 "일과 가족 밖에 몰랐던 아빠가 편히 쉬시기에 어쩌면 이 지구가 너무 작지 않았나 하는 생각이 든다"고 추억했다.

새의 눈으로 세상을 찍다
그의 사진엔 길이 보인다

　베트남전쟁이 한창이던 1960년대 말 박정희는 기업인들로 하여금 경제시찰단을 꾸려 베트남 현장을 둘러보게 했다. 시찰단에는 한진그룹 창업주 조중훈도 있었다. 시찰기가 꾸이년(Quy Nho'n)항 상공에 이르렀을 때 다들 끝없이 펼쳐진 정글에 매료된 사이 오직 한 사람 조중훈만 꾸이년항 연안을 내려다보고 있었다. 군수물자를 싣고 온 선박 수십 척이 접안도 못한 채 바다에 떠 있었는데 하역작업이 더뎌 순서를 기다리는 것이었다. 순간 조중훈은 한진이 베트남에서 무엇을 할지 간파했고 누가 볼새라 얼른 시선을 돌렸다.

　항구는 바다와 육지가 만나는 곳이다. 바다에서 육지를 볼 수 있고, 육지에서 바다를 볼 수 있지만 어느 쪽에서도 육지와 바다를 동시에 볼 수는 없다. 항구의 숙명이고 평면(2차원)적 시각의 한계다. 육지와 바다를 한눈에 볼 수 있는 곳은 3차원의 하늘뿐이다. 조중훈은 하늘에서 새의 눈으로 꾸이년항을 내려다보고 매의 눈으로 사업아이템을 포착한 것이다. '하늘에서 본 바다'는 베트남사업의 성공으로, 다시 해운과 항공 사업의 기회로 이어졌다. 하늘에서 내려다본다고 다 같은 것을 보는 것은 아니다. 같은 시찰기에서도 앵글을 어떻게 잡느냐에 따라 정글에 갇히기도 하고, 사업의 기회를 얻기도 하는 것이다.

조양호의 사진도 유독 하늘에서 찍은 것이 많다. 카메라렌즈가 위에서 내려다보며 산이든 바다든, 강이든 호수든, 논밭이든 사막이든, 심지어 하늘 구름 속에서도 길을 찾고 있는 것 같다. 2009년 사진집 출간기념회 때 예술기획자 신수진 한국외국어대 초빙교수는 조양호를 '길의 사진가'라고 명명하며 "일우의 작품에는 항상 길이 나온다. 하늘이든 땅이든 바다든 길이 보인다"고 평했다.

땅에서 본 길은 끝이 없지만 하늘에서 본 길은 시작과 끝이 보인다. 주관적이지 않고 객관적이다. 이런 관점은 협상에서도 중요하다. 조양호는 상대를 수평으로 바라보지 않고 위에서 자신과 상대를 동시에 내려다보며 판세를 읽고 협상에 임했다.

위에서 보면 길의 시작과 끝이 보이고 직선인지 곡선인지 오르막인지 한눈에 알 수 있다. 지도란 결국 위에서 본 땅의 그림이 아닌가. 철학자 최진석 서강대 교수는 인문(人文)을 '인간의 무늬'로 정의했다. 조양호는 지리에 능통했고 지리는 결국 '지구의 무늬'다. 조양호는 지구의 무늬를 사진에 담아 인간의 무늬, 인문지도를 그렸던 것은 아닐까.

"사진은 보이는 것만이 아니라 대상이 가진 여러 얼굴을 담을 수 있어야 한다. 마음으로 '나'와 '너'가 만날 때 진정한 이해를 바탕으로 표현된다. 길 위에서 접하게 되는 풍경을 카메라가 담는 순간 무심한 자연도, 평범한 일상의 풍경도 보석 같은 존재로 다시 태어난다."

　조양호의 사진은 지구의 무늬가 되고 천 개의 얼굴이 되고 빛나는 보석이 된다.

　수베이 에쓰오일 사장과 사우디아라비아 총리가 방문했을 때 대한항공은 어디를 보여줄지 고민이었다. 그들은 한국에 서른 번 이상 왔었는데 그때마다 다른 기업들이 좋다는 곳은 다 데려갔기 때문이었다. 조양호는 그들을 헬기에 태워 경북 영주 부석사로 데려갔다. 이슬람 역사보다 긴 1,500년 고찰을 보여주면 감명을 줄 수 있을 것이라고 생각했다. 조양호의 남다른 앵글은 적중했다. 사우디 총리는 "한국에 많이 왔었는데 이제야 진짜 한국을 보았다"며 감탄했다.

　사람들은 사막화의 결과인 황사를 봤지만 조양호는 황사의 원인인 사막화에 포커스를 맞췄다. 2004년 몽골, 중국 등지에 나무를 심기 시작했다. 글로벌 플랜팅 프로젝트(Global Planting Project)의 일환으로

2004년 몽골 식림

몽골 바가노르구 사막화지역에 임직원들과 현지 주민, 학생 등이 참여해 나무를 심었는데 사막은 **45ha**에 **12**만여 그루가 자라는 녹지로 변모했다. 그야말로 상전벽해(桑田碧海)의 기적이었다. 대한항공은 몽골 정부가 이례적으로 기업에 수여한 '자연환경 최우수 훈장'을 받았다. **2007**년부터 중국 쿠부치사막에도 '대한항공녹색생태원'(491만m²)을 조성해 매년 대한항공 직원 **70**여 명과 내몽골사범대 승무원학과 학생 **50**여 명 등 **120**여 명이 참여해 척박한 땅에 생존력이 높은 사막버드나무, 백양나무, 소나무, 포플러 등을 심어 약 **143**만 그루가 자라고 있다. 여행월간지 〈웨뤄〉가 주최한 '차이나트래블어워드'는 대한항공을 '중국인이 가장 선호하는 외국 항공사'로 뽑았다.

"유가는 극복하는 것이 아니라 적응하는 것이다"
"외환위기는 우리의 문제, 세계경제는 좋았다"

조양호가 대한항공에 발을 들인 **1974**년은 **1**차 오일쇼크가 한창이었다. **1978**년 **2**차 오일쇼크 때는 연료비 부담으로 미국 최대 항공사 팬암과 유나이티드항공이 수천 명을 감원했다. 조양호는 위기를 기회로 만들었다. 원가는 줄이되 시설·장비 가동률을 높이는 역발상을 시도했다. 항공기 구매도 계획대로 진행했다. 불황에 호황을 대비한 것이다. 그 결과 대한항공은 오일쇼크 이후 중동 여객수요를 확보하고 중

동노선에 발 빠르게 진출할 수 있었다.

"유가는 극복하는 것이 아니라 적응하는 것이다." 조양호가 유가를 보는 방식이 이 한마디에 잘 나타나 있다. 임원들의 반대에도 차세대 항공기 B787, A380을 도입한 것도 그래서였다. 이 항공기들이 연료절감형이기 때문이다. '교토의정서'가 발효되면 일산화탄소 배출을 줄이기 위해 엄청난 비용이 추가로 들 것에 대비해 환경친화적 항공기를 도입키로 한 것이다. B787는 동급 항공기에 비해 연료소모량이 30% 절감되고 탄소 배출이 30%나 줄었다. 조양호는 2015년까지 항공시장을 예측해 차세대항공기를 적기에 확보해 중·장기 성장의 발판을 마련했다. 1997년 초 한보그룹 파산으로 촉발된 대기업의 연쇄부도로 국내 경제가 급격히 악화됨에 따라 국내 항공수요가 크게 감소하고 원달러 환율이 상승하는 등 대한항공의 경영도 어려워졌다. 그러나 한국을 비롯한 아시아 몇몇 나라의 경제가 어려웠을 뿐이었다. 다들 국내 상황에 겁을 먹는 동안 조양호의 앵글은 세계시장으로 확대됐다. 자유무역 확산으로 1997년 무역량이 9.5%나 증가하는 등 세계경제는 견실했으며 항공수요도 지속적으로 증가하고 있었다. 매년 7% 이상 성장하던 아시아-태평양노선 수요는 중국 경제의 가파른 성장에 힘입어 21세기에도 고도 성장을 이어갈 것으로 전망됐다.

대부분의 국가에서 항공산업이 민영화되고 항공자유화가 전 세계로 확산되고 있었다. 1997년 4월 유럽 항공시장이 전면 자유화됐으며 미국은 한국을 비롯한 아시아 국가들과 항공자유화협정 체결을 추진했다. 항공사들은 공격적으로 노선망을 확장하고 항공기를 지속적으

2011년 A380 도입

로 도입하고 있었다. 1997년 괌사고와 외환위기로 대한항공은 위기에 봉착했다. 연초 수립한 항공기 도입 계획을 보류하고 차입을 최대한 억제해야 했다. 항공기 현대화를 추진하던 조양호는 항공기 운용 계획을 재정비했다. 2000년까지 41대의 신형기 도입과 더불어 노후기 처분으로 기종을 단순화해 운영 효율을 높였다. 국내 경제가 악화일로에 있었지만 세계 항공시장 변화에 대응하고 21세기 경쟁에서 선도적 위치를 확보하기 위한 과감한 결단이었다.

1997년 외환위기 때 대한항공은 112대 중 임차기가 14대뿐이었다. 조양호는 운영 효율이 떨어진 B747, A300 등 노후기를 '매각 후 임차(Sale & Leaseback)'로 전환해 유동성을 확보했다. 신형기에 국한돼 있던 관례를 깨고 중고기를 활용해 자금을 확보한 것이다. 외환위기가 한창이던 1998년엔 B737-800, B737-900 27대 구매 계약을 체결했다. 조양호가 구입한 항공기는 대한항공이 글로벌 항공사로 자리매김하는 데 큰 역할을 했다.

위기를 기회로 바꾸는 렌즈
위에서 내려다보고 찾은 절충안

국내 금융이 경색된 상황에서 좋은 조건으로 항공기 도입 자금을 확보해 경쟁사들의 부러움을 샀다. A330은 1998년 5대 도입 예정이었지만 유럽의 수출 지원 금융을 적기에 활용해 좋은 조건으로 5억 달러를 조기에 확보해 도입을 1년이나 앞당겼다. 외환위기 전 선진 금융기법을 활용해 거액의 항공기 자금을 확보한 것은 신의 한 수였다. 국제 금융기법에 대한 조양호의 혜안이 있었기에 가능했다.

국가신용도가 급락하면서 항공기 도입 자금 확보가 어려웠지만 조양호는 미래를 위한 투자를 미룰 수 없었다. 1998년 세계 최고 수준의 안전운항시스템을 확보하고 보다 편리한 스케줄과 차별화된 서비스를 갖춘 항공사를 목표로 신형기 도입을 재개했다.

보잉과 20억 달러 규모의 차세대항공기 B737 도입을 계약하고 2001년 인천국제공항 개항에 맞춰 2005년까지 B737 27대를 도입하기로 했다. B737은 좌석이 최대 189석으로 대한항공이 기존 사용하던 소형기 대비 많은 좌석 운영이 가능하고 최대 6시간 운항할 수 있어 괌, 동남아, 블라디보스토크 노선에까지 탄력적으로 투입할 수 있었다. 중국 항공수요의 폭발적 증가와 곧 있을 인천국제공항 개항에 따른 수송량 증대를 내다보고 내린 과감한 결정이었다. 재무적으로 어려움을 겪던 보잉은 어려운 상황에서 항공기를 대량 구매해 준 대한항공에 계약금을 깎아주고 금융비용까지 유리하게 주선했다.

B737 대거 도입과 함께 MD-82, F-100 등 소형기 26대를 전량 매각하고 B737로 단일화해 운용 효율을 높였다. 중장거리 신형기도 계속 도입했다. 1998년 A330-200을 아시아 최초로 도입하고 외환위기로 연기됐던 B777-200 4대도 들여왔다.

대한항공은 2000년대 초까지 항공기를 130대를 보유한 세계 7위권 항공사로 발돋움하기 위해 최신기로 항공기 운영 체제를 재편했다. 1999년 B777-300 2대를 도입했다. B777-300은 B747-400보다 3.2m 미터나 길고 376석 규모로 대당 1억3,000만 달러선이었다. 1999년에만 B777-300 3대를 포함해 A330-300 3대 등 신형기 7대를 도입했다.

잇단 사고와 외환위기에도 항공기 운영체제의 현대화·단순화를 실현한 데는 조양호의 통찰과 확고한 의지와 빠른 결단이 크게 작용했다. 세계 항공시장 흐름을 예의주시하며 적극적으로 신형기 도입을 추진한 것이다. '절대안전' 운항 체제와 최신기로 무장한 대한항공은 글로벌리더로 이륙할 준비를 마쳤다.

1997년 외환위기 직후 일본 금융계에서 차입한 6억 달러의 만기까지 도래했다. 조양호는 위기를 기회로 삼아 금융기법을 개발하고 자금조달 수단을 다변화했다. 외환위기로 국가신용도가 급락하면서 B747-400 도입 계획에 차질이 생겼다. 1999년까지 6대를 도입할 계획이었지만 자금 조달 문제로 지연돼 제작을 마친 항공기를 모하비사막에 세워 두어야 했다.

조양호는 미국수출입은행(US EXIM Bank)과 한국산업은행에 지불보증을 요청했다. 국가 간 합동으로 지불보증을 지원하는 체계는 없었지만 더 이상의 항공기 도입 지연을 두고볼 수만은 없었다. 항공기담보권을 두고 두 은행이 첨예하게 대립해 원점으로 돌아갈 위기에 처하자 조양호는 산업은행이 상환 우선권을, 미국 수출입은행이 항공기담보 우선권을 갖도록 제안해 B747-400을 들여올 수 있었다. 어느 쪽도 아닌 위에서 두 쪽을 동시에 내려다보고 절충안을 도출한 것이다.

1999년 A330-300을 도입할 때는 부족한 2,300만 달러를 일본 운용리스(JOL)를 통해 확보했다. JOL은 일본 법인이나 개인이 항공기 도입 금융에 참여할 때 세제혜택을 받는 금융제도로 이를 활용한 것은 대한항공이 처음이었다. 새로운 금융기법 개발로 그해 'Deal of Year'를 수상하기도 했다. 미래 시장을 내다본 조양호의 직관과 통찰이 빛을 발한 결과였다.

조양호는 새 항공기가 주력이 될 것이라는 확신이 서면 주저하지 않고 수십 대씩 과감하게 구입했다. 9·11테러에 이어 2003년 이라크 전쟁과 사스(SARS)까지 겹치면서 세계 항공산업은 침체의 늪에 빠졌다. 하지만 조양호는 이 시기를 차세대항공기를 도입할 기회로 보고 A380 구매계약을 했다. 제작사들이 극심한 불황에 빠졌을 때 차세대항공기라고 확신한 A380을 좋은 가격으로 대량 구입한 것은 투자전략의 백미로 꼽힌다.

해외 경쟁사 전문경영인들은 조양호를 보고 "9·11 공포로 사람들이 비행기를 타기를 주저하는 판국에 무모하게 항공기를 구입하는 것은 이해하기 어렵다"는 반응을 보였다. 3년이 지난 2006년 세계 항공시장이 반등하자 항공사들은 앞다퉈 차세대항공기를 주문했지만 제작사가 넘치는 주문을 감당하지 못해 경쟁사들은 조양호가 구입한 가격의 두 배 이상을 주고도 인도 받기까지 오래 기다려야 하는 이중고를 겪었다. 3년 전 차세대항공기를 구입한 대한항공은 적기에 신기종을 투입할 수 있었다.

신뢰의 관점, 델타를 선택한 이유
약점보다 강점, 과거보다 미래를

21세기를 앞두고 세계 주요 항공사들은 상호협력 체계를 구축하고 있었다. 1997년 미국 유나이티드항공과 독일 루프트한자를 주축으로 항공동맹체 스타얼라이언스(Star Alliance)가 출범했다. 1998년엔 아메리칸항공과 영국항공 중심의 원월드(One World)가, 1999년엔 노스웨스트항공과 KLM네덜란드항공 주축의 윙스(Wings)가 출범하며 항공동맹체(Airline Alliance)시대가 열렸다. 동맹체는 노선을 공유해 고객 서비스 강화와 항공사 간 시너지를 창출할 수 있었다.

조양호는 세계 항공업계가 동맹체제로 재편되는 변화의 흐름을 읽었다. 이 흐름을 타지 못하면 세계 항공업계에서 '왕따'가 될 수도 있는 상황이었다. 세계 10위 항공사 도약을 준비하던 조양호는 기존 항공동맹체에 가입하는 것이 아니라 창설을 주도하기로 했다. 괌사고

2009년
스카이팀
GB미팅

위기를 돌파하고 업계 주도권을 확보하기 위한 승부수였다. 어느 항공사와 동맹체를 꾸리는 것이 효과적인지 판단하기 위해 서울대 경영대에 검토를 의뢰했다.

조양호는 무엇보다 미주지역 파트너 선정에 신중을 기했다. 창업 초부터 미주노선에 공을 들여온 만큼 태평양 횡단 노선망 결합의 시너지가 가장 중요했다. 검토 결과 델타항공과 아메리칸항공이 최종 후보로 선정됐다. 조양호는 경영진과 함께 두 항공사 CEO를 만났다. "아메리칸항공을 파트너로 선택하자"는 의견이 지배적이었는데 누가 봐도 아메리칸항공의 미국 국내선 연결이 더 효과적으로 보였다. 하지만 조양호의 앵글은 달랐다.

"노선망만 보면 아메리칸항공과 항공동맹체를 맺는 게 맞다. 더 중요한 것이 있다. 바로 신뢰다. 항공동맹체는 일종의 결혼이다. 서로에

2005년 스카이팀 5주년

대한 믿음이 있어야 한다. 델타가 더 적합한 파트너다."

대한항공과 델타의 인연은 1994년 상무협정 체결로 시작됐다. 조양호는 로날드 알렌(Ronald W. Allen) 델타 회장과 이야기를 나누면서 진정성을 확인하고 델타의 기업문화가 대한항공과 잘 맞음을 직감했다. 1997년 후임 회장 레오 뮬린(Leo F. Mullin)에게 동맹체 설립을 제안했고, 델타 역시 대한항공을 전략적 파트너로 정하고 제4의 항공동맹체 결성을 추진했다. 조양호는 델타를 북미 파트너로 선정한 후 조중훈 때부터 협력관계를 맺어온 에어프랑스를 유럽 파트너로, 델타와 우호적인 아에로멕시코를 중남미 파트너로 정했다. 조양호가 잡은 '신뢰의 앵글'에 3대륙이 다 들어온 것이다.

동맹체 출범 협상은 지지부진했다. 동맹체 내부에서 대한항공의 파트너 자격에 우려가 제기됐다. 안전과 서비스 등 모든 기준을 상향 조정해 가입 자격을 까다롭게 만들었다. 조양호는 정면 돌파하기로 했다. 1999년 7월 워싱턴에서 개최된 항공동맹체 준비회의에서 한·중·일을 아우르는 광대한 항공영토와 우리나라의 입지적 장점을 부각하는 동시에 안전운항을 위한 대대적인 쇄신 작업과 '절대안전' 의지를 보여주었다. 조양호를 중심으로 구축된 CEO 간 강력한 신뢰를 바탕으로 상호보완적 파트너십을 발휘하며 스카이팀 준비를 위해 6개 팀과 28개 실무그룹을 구성해 공동 상품을 검토하고 의사결정 방법을 협의해 나갔다.

고객에 맞춘 스카이팀의 앵글
스카이팀이 대한항공에 준 선물

2000년 아시아를 대표하는 대한항공과 미국 델타항공, 유럽 에어프랑스, 중남미 아에로멕시코 네 항공사는 뉴욕에서 '스카이팀(SkyTeam)' 출범을 전 세계에 공표했다. 보유항공기 985대, 하루 운항 횟수 6,402편, 98개국 451개 도시에 취항하는 초대형 얼라이언스의 세계 시장 점유율은 9%대에 달했다. 연간 6억 명 이상을 태웠다. 세계 항공업계가 합종연횡할 트렌드를 미리 읽은 조 회장의 선견지명이 큰 몫을 했다. 네 항공사는 공항시설과 지상조업 등을 공동 사용하고 마일리지 공유는 물론 예약, 일정 변경, 좌석 배정 등 모든 서비스를 한 회사처럼 운영하게 됐다.

조양호는 스카이팀의 앵글을 고객에 맞추었다. 'Caring more about you(어디서나 당신 곁에)'를 슬로건으로 신속하고 편리하며 일관되고 중단 없는(Seamless) 서비스를 승객에게 제공하는 것을 원칙으로 경쟁 얼라이언스들과 차별화했다.

대한항공은 스카이팀 창설을 주도하며 아시아를 넘어 세계 네트워크 동맹에 합류해 선진 항공사들과 대등한 고객서비스 기반을 갖추었다. 내부적으로도 절차와 규범을 표준화해 글로벌 스탠더드를 빠르게 습득하는 계기가 됐다. 스카이팀 출범 준비 활동을 통해 국제적 회의 감각을 체득하고 글로벌 경쟁과 협력에 적합한 조직문화도 구축했다.

조양호는 스카이팀 멤버인 델타, 에어프랑스, 아에로멕시코 등에 각 분야 임직원을 수시로 보내 각 사의 장점을 배워 벤치마킹하도록 했다. 스카이팀에 들어감으로써 최고경영층뿐 아니라 중간관리층까지 소위원회 회의를 주관하는 기회가 많아졌다. 이를 통해 직원들의 시야가 넓어지고 자신감이 붙었다. 대한항공은 다른 기업보다 해외에서 주재 근무할 기회가 많았지만, 한국식 기업문화에서 완전히 탈피했다고 볼 수 없었다.

스카이팀 출범 초기엔 영어깨나 한다는 직원들도 해외 항공사와의 미팅을 꺼렸다. 조양호는 단순히 언어문제라기보다 토론식 회의문화나 국제회의를 주관하는 일에 서툴러서라고 생각했다. "세계화의 물결을 맞아 전 세계를 시장으로 활동해야 한다"며 "싫든 좋든 우리가 국제회의를 주관해야 한다"고 격려했다. 조양호는 나중에 "직원들이 유창하게 영어를 사용하는 것은 기본이고 국제무대에 익숙해졌다"며 "그것은 스카이팀이 대한항공에 준 선물"이라고 기뻐했다.

델타도 콧대 높은 일본항공보다는 대한항공과 손잡고 싶었다. 델타 회장은 조양호를 "브라더"라고 불렀다. 한국사람들이 풍류를 좋아한다는 소리를 듣고 대한항공 경영진을 초청해 밴드까지 불러 조양호에게 노래를 불러 달라 권하기도 했다. 스카이팀은 화학적 결합을 추구했다. 서로 다른 문화권의 사람들이 화합하는 장이기도 했다. 스카이팀은 '우물 안 개구리'였던 대한항공 직원들의 의식을 바꾸고 세계화하는 데 큰 역할을 했다. 델타를 비롯한 다른 항공사들도 한국 문화를 이해하고 즐기게 됐는데 한국에 오면 대한항공 임직원들과 함께 노래방도 가고 사우나도 갔다.

스카이팀 창립 멤버인 네 항공사 CEO들은 서로 신뢰가 각별했다. 다른 항공동맹체가 사업 목적으로 회원사를 늘리는 데 반해 스카이팀은 회원사가 추천하는 '클럽 방식'이었다. 석태수 전 한진칼 대표는 "조양호 회장이 스타보다 신뢰를 바탕으로 하는 팀워크를 중시했기 때문"이라고 분석했다. 조양호는 신뢰할 수 있는 아시아권 항공사를 회원사로 추천해 2014년까지 스카이팀 아시아권 회원사가 8곳으로 늘어났다.

스카이팀 결성 전 조양호는 항공동맹체 '원월드(OneWorld)'의 문을 두드린 적이 있다. 당시 주력 회원사인 아메리칸항공의 회장을 만났는데 "시카고에 비행기 한 대 없는 대한항공이 원월드에 들어오려면 주7일(매일)노선을 개통하라"는 소리를 들었다. 영업부에서 시카고에 매일 들어가면 큰 적자를 본다며 만류할 때도 큰 그림을 그리고 있던 조양호는 당장 얼마를 손해보더라도 장기적으로 얼라이언스 가입은 불가피한 선택이라고 생각했다. 그런 의지가 스카이팀 결성으로 실현된 것이다.

두 수를 내다본 ATI 승인
항공화물 세계 1위의 비밀

반도체, 가전, 철강 등 한국 제품이 미국에서 반독점법 때문에 고전하는 반면 대한항공은 미국 교통부와 오픈스카이(Open Skies)협정에 의해 면제 혜택을 받고 있다. 오픈스카이협정은 별도의 항공회담 없이 항공사가 시장 상황에 따라 자유롭게 노선 개설과 조정을 할 수 있도록 한 제도로 한국과 미국은 1998년 6월 협정을 체결했다. 미국시장에서 선제적으로 반독점면제(ATI, Anti-Trust Immunity) 권한을 취득해 미국 정부의 독점 보복조치를 피해갈 수 있었던 것도 조 회장의 아이디어였다.

대한항공과 델타는 2002년 미국 교통부로부터 반독점면제(ATI) 승인을 받았다. 운항 스케줄 조정, 마케팅, 공동서비스 등 각 부문에서 전략적 제휴를 할 수 있게 됐다. 양사의 항공편을 이용해 편리하게 미국 전역으로 연결할 수 있게 됐다.

반독점면제를 승인받으면 단일 항공사가 아님에도 같은 회사처럼 활동할 수 있고, 서로 합병하지 않은 상태에서 독립적인 항공사 간 취할 수 있는 최고의 제휴 단계라서 다른 항공사들로부터 독점에 따른 법적 제소를 받지 않는다. 대한항공은 반독점면제 덕분에 델타와 태평양노선 조인트벤처(Joint Venture)를 시행할 때 어느 항공사도 시비를 걸 수 없었다.

대한항공은 미국 정부로부터 반독점 면제를 취득함으로써 대한민국 항공사의 국제적 위상을 한층 강화하고 2018년 델타와 조인트벤처를 출범할 기반을 확보했다. 2018년 설립한 조인트벤처가 본격적으로 영역을 넓히면서 인천공항으로 여객 수요를 유치하면서 대한항공 여객매출만 10%나 증가했다.

조양호의 제안으로 2000년 세계 최초 항공화물 동맹체 '스카이팀 카고(SkyTeam Cargo)'가 결성됐다. 스카이팀 출범으로 여객 부문 협력을 이어온 네 항공사가 화물시장에서도 의기투합한 것이었다. 대한항공은 1996년 이후 4년 연속 세계 2위를, 에어프랑스는 4위를 기록한 세계 항공화물시장에서의 선두 항공사였다.

스카이팀카고는 전 세계에서 표준화된 양질의 서비스를 제공하도록 최적의 스케줄 조회, 항공화물 예약, 화물 추적 등을 공동으로 수행했다. 세계 어디서나 표준화된 서비스를 받도록 화물을 익스프레스 상품, 맞춤상품, 특수화물상품, 일반화물상품 등 네 가지로 구분한 공동 상품을 출시하며 항공화물 시장의 판도를 바꾸었다.

2001년 대한항공과 델타, 에어프랑스가 미국 항공화물 공동판매 합작사(US Cargo Sales Joint Venture)를 미국 애틀랜타에 설립했다. 항공사들이 공동 출자로 합작법인을 설립한 것은 처음이었다. 합작법인은 세계 항공화물 물동량의 50% 이상을 차지하는 미국시장에서 미국발 항공화물의 예약·판매·마케팅 업무를 총괄했다. LA, 뉴욕, 시카고 등 미국 주요 도시에 영업소를 두어 전국 판매망을 갖추어 원스톱서비스가 가능해졌다.

합작사는 2009년 청산됐는데 델타는 화물기가 없었고 에어프랑스는 KLM네덜란드항공과 합병 후 화물사업을 자회사 마틴항공으로 분사해 조인트벤처 유지가 어려워졌기 때문이다. 대한항공은 미국 10개 도시에 걸친 화물영업망을 통해 독자 영업을 강화해 항공화물 세계 1위의 기적을 만들어냈다.

스카이팀이 결성되는 데 조양호가 주도적인 역할을 했다는 것을 부인할 회원사는 없을 것이다. 대한항공은 스카이팀 결성과 성장을 주도하며 세계 굴지의 항공사들과 어깨를 나란히 하게 됐다. 나중에는 가루다항공, 베트남항공, 몽골항공 같은 후발주자들은 물론이고 선진 항공사들도 대한항공의 발전 속도에 놀라며 벤치마킹하는 단계에까지 이르렀다.

월셔그랜드 '제2의 고향' LA에 우뚝
완전은 없다, 변화는 멈추지 않는다

2017년 미 서부 최고층 월셔그랜드센터(Wilshire Grand Center)가 우뚝 솟았다. 1952년 개관한 스테틀러(Statler)호텔은 존 F. 케네디와 아이젠하워의 방문으로 LA의 아이콘이 된 후 1983년부터 힐튼이 운영하다 1989년 대한항공이 인수해 '옴니(Omni)호텔'로, 1999년 '월셔그랜드호텔'로 이름을 바꿨다.

LA 금융·문화·예술의 중심에서 896객실을 갖추고 고품격 서비스를 제공했지만 외관 현대화작업이 이뤄지지 않고 주변 빌딩보다 낮아(15층) 공간을 효율적으로 활용하지 못했다. 4성급 이상으로 변모시키려 수천만 달러를 쏟아부었지만 뚜렷한 성과가 나오지 않아 모두 더 이상 투자하지 말라고 했다. LA 경제도 침체기였다. 조양호의 생각은 달랐다.

서던캘리포니아대(USC)에서 경영학석사를 받은 조양호는 '제2의 고향'인 LA를 중심으로 컨벤션·관광산업이 활성될 것을 내다보고 전면 재개발을 결단했다. 침체기를 오히려 개발 적기로 본 것이다. 2012년 73층 900개 룸과 40만 제곱피트 규모의 오피스 설계가 나왔다. 내벽은 나무로 포인트를 주고 70층 로비에서 금융중심가의 스카이라인과 아름다운 야경을 보며 체크인 할 수 있다. 연회장에는 정원이 내려다보이는 유리문이 있고 객실에선 개폐식 창문을 통해 LA의 환상적인 날씨를 만끽할 수 있다. 저층부는 7층짜리 상업공간과 컨벤션시설, 최

첨단 시설을 갖춘 3만7,000제곱미터 규모의 오피스로 이뤄졌다.

완전히 부수고 새로 짓는 것이었다. 조양호는 공사 현장 구석구석을 돌아다니며 공을 들였다. 조양호는 방한한 아놀드 슈워제네거 주지사와 식사 중 "국가 원수들이 와도 안전하고 편안하게 묵을 수 있는 호텔로 짓겠다"고 말했다.

자재도 돈을 아끼지 말고 최고 품질로 쓰라고 했다. 지진이나 외풍, 소음에 대비한 시공을 기준보다 훨씬 높게 했다. 캘리포니아는 환태평양지진대에 속한다. 조양호는 안전을 최고 목표로 잡고 '좌굴방지 가새'(BRB, Buckling Restrained Braces)공법으로 진도 8에도 끄떡없게 했다. "어느 정도까지 지진을 견디겠느냐?"는 질문에 설계사가 "1,000년에 한 번 올까 하는 지진에도 견딜 수 있지만, 과연 이 건물이 1,000년 동안 건재하겠느냐?"고 반문했을 정도다.

2014년 이틀간 4만2,930톤(레미콘 2,120대 분량)의 콘크리트를 연속 타설해 기네스북에 등재됐다. 대량의 콘크리트를 일시에 타설하면 균일하게 굳어 균열을 막을 수 있고 콘크리트 양생 기간도 2개월에서 2주로 줄었다. 73층 옥상에 첨탑을 세워 건물을 335미터까지 높였다. 〈LA타임즈〉는 "불가능할 것 같은 작업을 일상처럼 해내는" 역사적인 재건축 과정을 소개했다.

조양호는 보안을 최우선 가치로 삼았다. VIP의 동선이 일반 투숙객과 겹치지 않도록 통로를 설계했다. 도널드 트럼프 대통령도 재임 중 LA를 방문하면 윌셔에 묵었다. "미시시피 서쪽에서 가장 높은 빌딩"이라고 하자 조양호는 "절대로 그런 소리 하지 말라"고 했다. 테러리스트들의 타깃이 될 것을 우려한 것이다. 벽을 폭포 형태로 하려 하자 "건축물은 위에서 떨어지는 것이 있으면 안 된다"며 막았다. 역시 안전 때문이었다.

콘크리트 타설도 안전을 위한 도전이었다. 한국에서는 한 번도 해

보지 않은 건축기술이 적용됐다. 윌셔를 건축할 때 화장실을 밖에서 대량으로 만들어 현장에서 조립하는 시공도 시도했다. 건축에서도 조양호는 얼리어답터였다. 대한항공 본사인 OC빌딩을 지을 때 얻은 성취감으로 윌셔를 작품으로 만들었다. 요세미티계곡을 형상화한 디자인으로 미국 그린빌딩위원회의 친환경인증 '리드'(LEED, Leadership in Energy and Environmental Design)도 받았다.

윌셔그랜드센터 개관 때 조양호는 감격했다.

"내 꿈의 정점이자 LA와의 약속을 완성했다. 이곳은 LA의 랜드마크가 될 것이다."

지속적인 변화도 천명했다.

"모두가 흠잡을 데 없다고 하지만 나는 만족하지 않는다. 법정 스님은 '진정한 완전은 완전한 상태에 머물지 않으며 완전은 이뤄진 상태가 아니라 시시각각 새로운 창조'라고 하셨다."

LA 경제 살렸다
한미 민간외교 가교

윌셔그랜드센터는 트럼프 당시 대통령이 역설한 "외국기업 투자를 통한 일자리 창출"의 모범사례로 꼽혔다. 10억 달러 넘게 투입된 공사에 1만1,000여 일자리와 8,000만 달러의 세수가 창출됐고, 오픈 후에도 1,700여 일자리가 생겨났다. LA시는 "25년간 6,000만 달러의 세금을 면제한다"고 화답했다. 과감한 지원은 현지 관광업계를 자극해 숙박시설 건축붐을 일으켰다. 2024 LA올림픽 유치에도 윌셔그랜드센터 개관과 이에 따른 호텔 증축 붐이 큰 힘이 됐다.

대한항공은 '100만그루재단(MTLA, Million Trees Los Angeles)'에 2006년부터 4년간 16만 달러를 기부했다. LA 거리 곳곳에 나무도 심었다. 조양호 회장은 서던캘리포니아대(USC) 한국학연구소(Korean Studies Institute)를 물심양면으로 지원했다. 1995년 설립된 한국학연구소는 운영에 어려움을 겪고 있었다. 조양호는 2006년 USC 캠퍼스에 도산(島山) 안창호 선생의 LA 옛집을 이전, 복원하고 한국학연구소를 재개관하는 행사에 참석해 발전기금으로 10만 달러를 쾌척했다.

"세계 유수 대학의 한국학연구소에 몸담고 있는 학자들이 저널 기고문 등을 통해 한국학 연구 결과를 활발히 내놓도록 아낌없이 지원하는 것이 필요하다. 유서 깊은 도산 선생의 옛집에 새롭게 자리잡은 한국학연구소가 한국학 연구의 구심점이 돼 한인사회의 정신적 지주가 되기를 기대한다."

1972년 LA 취항 이후 미주노선을 지속적으로 확대해 '미국 내 최대 아시아 항공사'가 된 대한항공은 2008년 한미비자면제에 맞춰 8개월간 미대륙을 횡단하며 미국여행의 진수를 보여준 CF '로드트립USA'로 반향을 일으켰다.

대한항공-델타 조인트벤처
태평양노선에서 한 회사처럼

2009년 북미와 유럽 항공사들이 대서양노선에서 시작한 조인트벤처가 전 세계로 확산됐다. 자국 항공사의 외국 자본 소유를 엄격히 규제하고 있어 공동 운항, 항공동맹(Alliance)보다 강력한 조인트벤처가 대세가 됐다. 미국, 프랑스, 일본, 중국, 호주 등 주요 항공사들이 대륙 간 노선에 20개가 넘는 조인트벤처를 운영하고 있었다.

미국 항공사들이 생각하는 아시아의 관문은 일본이었다. 노스웨스트항공과 아메리칸항공이 아시아에서 영향력이 컸다. 2000년대 후반 노스웨스트가 델타에 인수됐지만 태평양노선은 적자를 면치 못하고 있었다. 조인트벤처가 필요했다. 유나이티드항공은 같은 스타얼라이언스 회원인 전일본공수(ANA)와 손잡고, 아메리칸항공은 일본항공(JAL)과 함께 원월드에 합류했다. 델타만 파트너가 없었다. 일본항공을 아메리칸항공으로부터 파트너로 빼앗아 오려 했지만 성공하지 못했다.

일본항공과 아메리칸항공이 조인트벤처를 만들자 델타는 더욱 조급해졌다. 대한항공을 선택할 수밖에 없었다. 델타는 태평양노선이 10%도 안 되지만 대한항공은 40%에 달해 실패하면 큰 손실을 볼 우려가 컸다.

리처드 앤더슨 델타 CEO가 절대로 손해볼 사람이 아님을 조양호는 잘 알고 있었다. 조양호는 시간을 끌면서 유리한 조건을 만들어 나갔다. 급한 쪽은 델타였기 때문이다. 아시아에서 적자가 계속되고 아메리칸항공과 유나이티드항공에도 밀리고 있었다. 다급해진 델타는 대한항공을 압박해 왔다. 2013년 양사의 관계는 극도로 경색됐다. 델타는 대한항공의 미국 내 네트워크를 끊기까지 했다. 아메리칸항공과 유나이티드항공이 이미 끊어버린 상태여서 타격이 컸다. 미주노선에서 영업적자가 났지만 앤더슨 재임 중에는 협상하지 않기로 결심을 굳힌 조양호는 버텼다.

2016년 델타 CEO가 에드 바스티안(Ed Bastian)으로 교체되면서 협상에 나섰다. 2016년 말 조인트벤처를 결성하기로 하고 2017년 6월 윌셔그랜드센터 오픈에 맞춰 양해각서(MOU)에 사인하기로 했다. 조양호는 그만큼 윌셔그랜드센터에 애착이 컸다. 오픈 전날 밤 12시까지 협상이 계속됐다. 오전에 사인하고 오후 1시 호텔 오픈식을 가졌다. 이후 열린 파티 내내 조양호는 미소를 감추지 못했다.

2018년 6월 시작된 조인트벤처는 얼라이언스와 전혀 다른 것이었다. 얼라이언스 내 항공사간 코드쉐어는 각자 자율적으로 이루어지는 반면, 조인트벤처는 별도 회사를 설립하는 게 아니라 태평양노선에서 한 회사같이 영업해 수익과 비용을 공유하는 가장 높은 수준의 협력이었다. 각 사가 해당 노선에서 어떤 티켓을 팔든 이익을 공유하는 것이었다.

양사는 태평양노선에서 공동 운항과 마케팅을 확대하고, 허브공항 시설 재배치와 공유로 수하물 연결 등을 일원화해 미주 290여 도시와 아시아 80여 도시를 유기적으로 연결해 편리하고 다양한 스케줄을 제공하게 됐다. 환승시간이 줄고 항공권 선택폭도 커져 합리적인 가격으로 구매할 수 있게 됐다. 양사 간 마일리지 적립과 회원 혜택도 어디서나 편하게 이용할 수 있게 됐다.

조인트벤처 협정은 인천공항이 동북아 핵심 허브공항으로 성장하는 계기가 됐다. 대한항공과 스카이팀 전용 제2터미널 개장으로 소비자 편의성이 확대돼 환승수요가 크게 증가했다. 미국에서 나리타로 가던 델타 직항노선 8개가 인천으로 방향을 틀었다. 2터미널은 대한항공과 델타가 함께 이전하면서 시너지효과가 더 커졌다.

큰 그림, 식견과 결단의 승리

조양호는 조인트벤처가 양사의 이익을 넘어 국내 항공산업 발전의 전기가 될 것으로 보았다. 양국 정부부처 설득도 힘들고 양사간 이해가 얽혀 있어 수년간 공방이 계속됐다. 조양호는 태평양시장에서 양사가 처한 상황을 주목했다. 아메리칸항공-일본항공, 유나이티드항공-전일본공수의 조인트벤처로 인천공항의 위상과 함께 양사의 경쟁력 약화가 우려됐다. 조인트벤처 협정을 통해 일본으로 향하는 환승수요를 인천공항으로 끌어오는 한편 양사 간 스케줄 다양화와 고객편의 향상으로 환승수요를 늘려야 양국 허브공항이 동반 성장할 수 있음을 간파했다. 조원태 당시 대한항공 사장의 역할이 컸다. 임직원들과 양사 간 조인트벤처의 필요성을 분석하고 델타 수뇌부와 수차례 협의를 주도했다.

조양호는 조인트벤처 협정을 일찍 내다보고 "선제적으로 반독점면제 권한부터 취득하라"고 지시했다. 대한항공과 델타항공은 2002년 미 교통부로부터 반독점면제(ATI, Anti-trust Immunity) 권한을 취득하고 2007년 국토교통부의 제휴 승인을 받아놓았다. 당시 연간 아시아와 미국을 오가는 3,500만 명 중 양사 이용객은 10%도 안 돼 조인트벤처가 시행돼도 경쟁을 제한할 이유가 없었다. 자유롭게 진입할 수 있는 한미노선에선 조인트벤처의 담합이나 독점이 성립되지 않았던 것이다. 국제 항공업계에서 조양호가 차지한 위상도 자칫 지지부진하게 흐를 수 있었던 조인트벤처 합의에 방점을 찍었다. 조양호는 당시 국제항공운송협회(IATA) 집행위원회(BOG, Board of Governors)와 전략정책위원회(SPC, Strategy and Policy Committee)의 핵심 멤버였다. BOG 위원은 8연임, SPC 위원은 재임이었다.

조양호는 30년 항공경영의 경험과 IATA의 장기전략을 수립하고 각종 프로젝트를 추진하며 얻은 통찰로 바스티안 델타 CEO를 설득했다.

chapter 4

몰입의
기쁨을
만끽한
노력가

"현명한 사람들은
자신이 모르는 게 뭔지 알고,
그걸 아는 사람의 말을 들을 줄 안다.
조 위원장은 〈킹스스피치〉의
버티 같았다."

- 테렌스 번즈 -
(헬리오스파르너스 CEO)

〈킹스스피치〉를 다시 실화로 쓴 '조스스피치'
왕이라도 모르면 배워야 하고, 공부에 지름길은 없다

『수학에는 왕도가 없다』

이 말은 고대 이집트 파라오 프톨레마이오스(Ptolemaeos) 1세가 '유클리드(Euclid)'란 이름으로 잘 알려진 에우클레이데스(Eucleides)에게 기하학을 속성으로 가르쳐 달라고 하자 "기하학에는 왕도(王道)가 없다"고 말한 데서 유래했다.

유클리드가 말한 '왕도(Royal Road)'는 페르시아제국이 사르디스(Sardis)에서 바빌론(Babylon)을 거쳐 수사(Susa)까지 뚫은 고속도로로 말을 타고 90일 걸리던 거리를 7일 만에 주파할 수 있게 됐다. '유클리드 기하학'은 오늘날 '수학'으로 발전했고 '왕도'는 '지름길'로 의미가 확장됐다.

왕이라도 모르면 배워야 하고 공부에 지름길이 없음을 보여준 왕은 영국에도 있었다. 엘리자베스 2세 여왕의 아버지 조지 6세(Albert Frederick Arthur George)는 세기의 스캔들로 왕위를 포기한 형 에드워드 8세 대신 왕좌에 올랐지만 권력과 명예, 모든 것을 가지고도 한 가지 두려운 게 있었으니 바로 '마이크'였다.

'버티(Bertie, 조지 6세의 애칭)'는 대중 앞에 서면 말을 더듬는, 국왕으로서는 치명적인 콤플렉스를 고쳐보려 괴짜 언어치료사 라이오넬 로그(Lionel George Logue)를 만나 기상천외한 치료법과 피나는 훈련으로 말더듬증을 극복해 나갔다. 그리고 마침내 2차대전을 일으킨 '달변의 선동

영화 〈킹스스피치〉 중 버티와 라이오넬 로그

가' 아돌프 히틀러에 맞서 감동의 연설로 영국민의 단결과 결사항전을 이끌어냈다. 이 실화는 라이오넬의 손자가 책으로 쓰고 2010년 영화 〈킹스스피치〉(King's Speech)로 만들어져 오스카 트로피를 쓸어담았다.

조양호는 영화를 다시 실화로 만들었다. 2018평창동계올림픽유치위원장을 맡은 조양호는 2008 베이징올림픽과 2010 밴쿠버동계올림픽, 2014 소치동계올림픽 유치를 이끈 스포츠컨설턴트 테렌스 번즈(Terrence Burns, 헬리오스파트너스 CEO)를 프레젠테이션(PT) 총감독으로 영입했다. 밴쿠버와 소치 편에서 두 번이나 평창에 패배를 안겨준 '적장(敵將)'으로 "우리 약점을 다 알고 있어 위험하다"는 반대가 극심했지만, 조양호는 '평창의 약점과 패인을 누구보다 잘 알고 있기 때문에'

필요했다. '삼수생' 평창캠프에 합류한 번즈는 '어떻게 올림픽을 치를 것인가'(How)가 아니라 '왜 올림픽을 치러야 하는가'(Why)를 메시지로 던지자고 했다. '남북평화'를 넘어 한국뿐 아니라 올림픽운동(Olympic

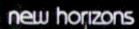

Movement) 전체를 포괄하는 '지구적' 메시지 '새로운 지평(New Horizons)' 은 그렇게 탄생했다. 문제는 메시지를 전달할 프레젠터(presenter)였다. 유치위원장인 조양호는 스스로 '무대울렁증'이 있다고 토로할 만큼 프레젠테이션을 걱정했다.

〈킹스스피치〉의 버티처럼 조양호도 스피치공부가 간절했다.

"사람들 앞에 나서서 말하는 게 두렵습니다. 사람들을 말로 설득하는 것은 더 자신없고요. 평창 유치는 국가적 대업이고 나의 소명입니다. 도와주시오."

첫 프레젠테이션인 멕시코 아카풀코에서 열리는 ANOC(Association of National Olympic Committees, 국가올림픽위원회총연합회)총회를 두 달 앞둔 시점이었지만 'PT의 미다스 손' 번즈와 나승연 대변인은 조양호의 진지한

청산유수처럼 말하다 파도가 바위에 부닥치듯 멈추고, 화살을 시위에 감아쥐듯 소리를 응축했다 터뜨리다

'조스스피치(Cho's Speech) 프로젝트'가 시작됐다. 영어 발음 교정은 기본이고, 말하는 속도와 강약을 조절하고 감정을 넣어 억양을 바꾸는 법, 단상에서의 시선 처리와 손짓, 몸짓 하나까지 배우고 훈련했다. 조양호의 스피치공부는 여기서 그치지 않았다. 자비를 들여 〈킹스스피치〉의 무대인 런던까지 날아가 연설전문가에게 일주일에 세 번 혹독한 맨투맨 트레이닝도 받았다. 그만큼 절박했다.

"내가 프레젠테이션을 못해서 평창이 떨어졌다는 얘기를 듣는 일은 없어야 한다!"

영화 속 버티가 그랬던 것처럼 평생 한 번도 안 해봤을 법한 '고함 지르기'도 '우스꽝스런 스트레칭'도 마다하지 않고 시키는 것 이상으로 열심히 했다. 혼자서도 아침부터 저녁까지 틈날 때마다 배운 대로 맹훈련을 했다. 시작할 때 "〈킹스스피치〉의 주인공이 된 것 같다"는 소감은 훈련 강도가 높아지면서 "주인공 심정을 알겠다"로 바뀌었다.

명연설집《링컨처럼 서서 처칠처럼 말하라》를 외우다시피 하고 '명언의' 케네디와 '담대한' 오바마의 연설을 듣고 따라하기를 반복하며 그들처럼 '서서' '말했다'. 어느덧 청산유수처럼 말하다 갑자기 파도가 바위에 부닥치듯 멈추고, 화살을 시위에 감아쥐듯 소리를 입안 가득 응축했다가 이때다 싶으면 터뜨리듯 강한 액센트를 쏘는 기술도 터득했다. 원고에만 눈을 주지 않고 중요한 대목에서 잠시 정적을 유지하며 청중을 향해 시선을 던지는 여유도 생기고 손짓과 몸짓도 훨씬 자연스러워졌다. 번즈의 무리한 요구에도 불평 한마디 없이 연습에 몰두하고 해외전지훈련까지 한 결과였다. 굳은 표정이 좀처럼 풀어지지 않는 것은 손자가 도와주었다. 원고 한 켠에 손자 사진을 넣어두었더

니 자신도 모르게 미소를 머금게 된 것이다.

　최후의 프레젠테이션인 더반IOC총회 직전 번즈가 "프레젠터 중 가장 큰 발전을 이루었다"며 "그만하면 충분하다"는데도 조양호는 "더 연습하자"고 채근하며 끝장을 보았다. 실전처럼 훈련한 조양호는 훈련한 대로 싸울 준비가 돼 있었다.

　결전의 날, 조양호의 스피치는 버티의 스피치가 영국민의 결사항전을 이끌어내듯 IOC 위원들의 지지를 모았고, 평창은 **95표** 중 **63표**나 획득하며 대승을 거두었다. IOC 위원들과 전문가들은 "평창 유치는 프레젠테이션의 승리였다"며 "그중 조 위원장의 스피치는 역대 최고였다"고 입을 모았다. 인천공항에 도착한 조양호는 제일 먼저 반긴 손자를 안고 볼을 부비며 미소를 지었다.

모르는 게 뭔지 알고, 그걸 아는 사람의 말을 듣는 것. 그것이 공부다

　조양호는 더반PT를 통해 '평창의 기적'을 만든 동시에 무대울렁증까지 극복했다. 단점 자체보다 위험한 것은 단점을 알지 못하는 것이고, 단점을 알면서도 배워서 극복하려 하지 않는 것은 단점을 알지 못하는 것보다 위험하다. 한 편의 영화 같았던 조양호의 '킹스스피치'는 자기 단점을 아는 것에서 시작됐다. 번즈도 "현명한 사람들은 자신이 모르는 게 뭔지 알고, 그걸 아는 사람의 말을 들을 줄 안다. 조 위원장은 〈킹스스피치〉의 버티 같았다"고 말했다. 모르는 게 뭔지 알고, 그걸 아는 사람의 말을 듣는 것. 그것이 바로 공부다.

조양호는 스스로 밝힌 대로 처음 보는 사람에게 낯을 가리고 언론으로부터도 "샤이(Shy)하다"는 평가를 들었다. 친분이 있는 사람이 아니면 꼭 필요한 말만 하는 데다 다소 무뚝뚝한 말투와 표정 때문에 처음 본 사람은 권위적이고 냉소적인 인상을 받기 쉬웠다.

조양호는 젊을 때도 술담배는 해본 적이 없었다. 처음 한국에 들어왔을 때 술을 못 마시니 사람들과 잘 어울리지 못해 오해를 사기도 했다.

"미국에서 평창동계올림픽 유치에 성공하고 식사하러 한국식당에 갔는데 사람들이 아빠를 알아보고 몰려와 악수를 청했어요. 당황한 아빠는 머쓱하게 웃으며 식당을 빠져 나오셨죠. 부끄러워서 그러신 건데 오해한 사람들도 있었죠."

조현민 ㈜한진 사장의 얘기다. 심이택 전 부회장은 "조양호 회장을 한 번도 만나본 적 없는 사람과 딱 한 번 만나본 사람은 같은 반응이다. 하지만 두 번 이상 만나 얘기를 나눠본 사람은 전혀 다른 이미지를 갖게 된다"며 "조 회장은 첫인상에서 본의 아니게 손해를 보았는데 그것은 타고난 성격 탓일 수도 있지만 학창시절 겪은 고독과도 무관하지 않다"고 말했다.

조양호는 경복고 2학년 때 미국 유학을 떠났다. 장남이 일찍 넓은 세상을 경험하길 바란 부친 조중훈의 뜻이었다. 조중훈 자신도 어린 나이에 배를 타고 일본과 중국을 오가며 세계 문물을 섭렵했다. 고교생 조양호의 유학생활은 사막처럼 외롭고 망망대해처럼 막막했다.

보스턴에서 차로 1시간 반쯤 떨어진 애쉬번햄(Ashburnham)에 있는 쿠싱아카데미(Cushing Academy)에 한국 학생은 조양호뿐이었다. 대놓고 차별하지는 않았지만 말이 통하지 않아 친구들과 어울릴 엄두가 나지 않았고 수업도 따라가기 힘들었다. 워싱턴카운티 북쪽 퍼트넘(Putnam)에 있는 고모 집에서 통학했는데, 보스턴보다도 부촌인 퍼트넘은 주민 대부분이 백인이었고 동양인은 거의 없었다. 영어는 좀처럼 늘지 않고 말할 사람도 딱히 없으니 말수까지 줄어들었다. 경복고 친구들과는 단절됐고 쿠싱아카데미에선 친구를 사귈 수 없어 어디에도 속하지 못하는 경계인처럼 혼란스러웠다. 쿠싱아카데미 교정은 눈물나도록 아름다웠는데 조양호는 그래서 더 외로움과 향수병으로 우울한 날이 많았다. 낯을 가리고 무뚝뚝함으로 오해를 사게 된 것도 그때부터 시작됐는지 모른다.

배우고 때때로 익히니 즐겁지 아니한가
고독과 공부의 함수관계, 몰입의 기쁨

한진그룹 임원들은 조양호가 어린시절 '혼밥'을 추억하며 자책하던 것을 들은 적이 있다.

"부모님 초청 행사 때 친구들이 엄마 아빠와 즐겁게 식사하는 동안 베트남에서 온 편지와 용돈을 아버지 대신 앞에 놓고 혼자 밥을 먹었지. 절대 울지 않으려고 했는데 편지와 용돈에 자꾸 눈이 가 눈물이 나더군. 장남이라 일찍 철이 들어 사업으로 바쁜 아버지를 이해하면서도 그날의 외로움은 오래도록 잊히지 않더라고. 그럴 때마다 다짐했지. 내 아이들은 혼자 밥먹게 하지 않겠다고 말이야. 그런데 나 역시 아이들을 유학 보내게 되고 일 때문에 그 옛날 나처럼 외롭게 만들고 말았지."

조양호의 무대울렁증도 어쩌면 쿠싱아카데미 시절 외로움이 원인이었을지도 모른다. 훈련으로 무대울렁증을 극복해낸 것을 보면 버티가 그랬듯이 조양호도 과거의 자신과 마주하며 자신감을 회복한 것 같다.

외로움은 무대울렁증의 원인이 됐는지는 몰라도 조양호의 학구열을 높여준 것은 분명해 보인다. 조양호는 이역만리에서 외로움을 달래고 극복하는 데 공부만한 것이 없다고 생각했다. 공자도 그랬다. 〈논어〉 '학이(學而)편'에서 공자는 "배우고 때때로 익히니 즐겁지 아니한가(學而時習之不亦說乎). 친구가 멀리서 찾아오니 이 또한 즐겁지 아니한가(有朋自遠方來不亦樂乎). 남이 알아주지 않아도 노여워하지 않으면 군자가 아니겠는가(人不知而不慍不亦君子乎)"라고 했는데, 곱씹어보면 고독과 공부의 함수관계를 엿볼 수 있다.

'몰입의 기쁨'을 아는 사람은 공부가 즐겁다. 조양호는 그것을 잘 알고 있었다. 조양호가 평생 영어공부를 하고 임직원은 물론 체육인들에게 영어를 배우라고 독려한 것도 고독했던 쿠싱아카데미 시절 소통의 간절함에서 비롯된 것인지도 모른다. 공부의 어원도 절대고독에 있다. '공부'(工夫)는 불도(佛道)를 닦는 '주공부(做工夫)'에서 유래한 말로 참선(參禪)에 진력하는 것을 가리켰다. 《선어록》(禪語錄)에 공부의 방법이 나온다.

『공부는 간절하게 해야 하며 공부할 땐 딴생각을 하지 말아야 하며 앉으나 서나 의심하던 것에 집중해야 한다.』

조양호는 이 공부법을 가장 잘 실천한 사람이다.

"어릴 땐 말이 더 없었대요. 누가 와서 '엄마 계시냐?' 물어도 대답을

하지 않아 '저 놈은 돌부처냐?' 했더니 그제서야 쳐다보며 '돌부처가 말을 하나요? 사람이니까 말을 하지' 했다더군요."

아내 이명희 전 일우재단 이사장은 조양호를 살아있는 부처 같았다고 회상한다. 조양호는 퇴근 후 집에서도 한 번 앉으면 좀처럼 일어날 줄 몰랐다. 저녁식사 하고 2층 서재로 올라가 컴퓨터 하고 책 보고 사진 정리하다 10시쯤 내려오는 게 일상이었다.

"가끔 '뭐 좀 줘' 했는데 너무 바쁠 땐 '당신이 좀 갖다 드세요' 하면 안 드시고 말았죠. 왔다 갔다 하며 번잡스러운 걸 무척 귀찮아 했어요. 성격은 급한데 행동은 빠르진 않았죠."

조현민 ㈜한진 사장은 '몰입의 기쁨'으로 설명한다.

"아빠에겐 사진이든 여행이든 스포츠든 또 어떤 관심사든 모든 것이 취미를 넘어 중요한 '일'이었죠. 무슨 일이든 손에 잡으면 몰입하고 배우고 익히셨어요. 세계 어디를 가든 풍경과 문물과 사람을 배우는 데 열정적이셨죠. 호기심 많은 아이처럼요. 몰입의 기쁨과 행복을 아셨기에 위기의 순간에도 지치거나 좌절하지 않고 지속가능한 경영을 하실 수 있었죠."

호시우보(虎視牛步). 조양호는 범처럼 노려보고 소처럼 걸었다. 통찰력으로 꿰뚫어보며 성실하고 신중하게 경영했다.

chapter 5

얼리&딥 어답터
깊이의 경영공학자

"공학도는 경영을 할 수 있지만, 경영 전공자는 엔지니어링을 배우기 힘들다."
조양호는 회장이 된 후에도 항공기 정비와 기술 분야에 관심을 기울였다.
항공산업이 첨단기술의 집약체여서 항공기술에 대한 충분한 지식이 없으면
항공사를 경영하기 힘들다고 생각했다.

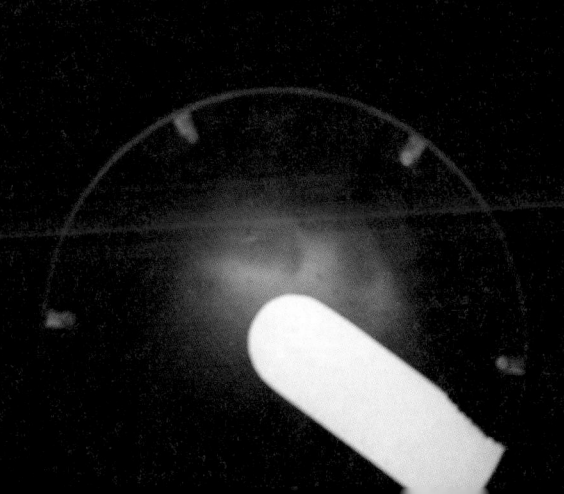

세계 최고의 항공인
전문성 기반 오너십

지창훈 전 대한항공 사장은 조양호를 전 세계 항공인 중 최고로 꼽았다. 항공업계 어디에도 오너십경영을 유지하며 **50년** 가까이 성장한 기업은 없다. 보잉과 에어프랑스도 사장, 회장이 몇 차례나 바뀌었지만, 대한항공은 탄탄한 오너리더십으로 지속 성장해 왔다. 조양호는 **2011년** 언론과의 인터뷰를 통해 "한국 경제는 오너십 있는 기업들이 과감한 투자로 끌고 나가야 한다"며 "오너 없는 기업은 장기 투자를 하지 않고, 단기 이익만 노리고 경영해 경쟁력이 떨어진다"며 오너십경영의 장점을 역설하기도 했다.

조양호는 전문성, 식견, 예측력 등에서 타의 추종을 불허하는 항공전문가다. 업계 최고경영자 중 조양호처럼 조종, 운항장비, 부품 정비, 구매 등 전 분야에서 전문성과 식견을 갖춘 이는 극히 드물다. 조양호는 에어쇼나 항공박람회가 열릴 때마다 빠짐없이 해외로 나가 보잉, 록히드마틴, 에어버스 등 메이저 제작사의 신제품을 꼼꼼히 체크했다.

조양호는 항공기를 구입할 때 파격적으로 값을 낮추었는데 항공기에 관해 제작사 전문가들보다 뛰어난 식견이 있었기에 가능했다. 항공기 제작사들이 조양호 앞에서는 장삿속을 전혀 발휘하지 못했다. 신형 항공기의 성능을 누구보다 빨리 간파해 괜찮다고 판단되면 가급적 일찍 도입했는데 초기에는 사려는 항공사가 거의 없어 값을 깎을

1973년 점보기 최초 도입

수 있기 때문이다. 하지만 아무리 탐이 나도 첫 번째로 도입하지는 않았는데 안전성도 놓치지 않았던 것이다.

A380을 도입할 때도 그랬다. 경쟁사들보다 앞서 구입해 값을 깎으면서도 이후 발생할 유지보수 조건도 최대한 유리하게 했다. 늦게 A380을 도입한 경쟁사들은 값은 값대로 지불하고 유지보수비용도 많이 내 고전을 면치 못했다.

엔진은 엔지니어가 잘 안다
공학도의 경영, 항공엔 맞다

조양호는 1974년 대한항공에 몸담은 이래 45년 넘게 항공·운송사업 외길을 걸었다. 정비·자재·기획·정보통신·영업 전 분야를 섭렵하며 실무까지 겸비했는데 항공·운송 시스템을 정확히 이해하는 엔지니어이기도 했다. 국내·외를 막론하고 항공·운송 분야에서 조양호 수준의 전문가는 찾을 수 없다.

입사 후 미국법인에서 근무하며 서던캘리포니아대(USC)에서 MBA 과정까지 마친 조양호는 1979년 귀국해 정비담당이사, 자재담당이사, 시스템담당이사로 세 개 부처를 맡았다. 정비본부장을 맡은 지 일주일 뒤 자재부문을 겸직했고 6개월 후에는 시스템 부문까지 맡았다.

조중훈은 장남 조양호가 김포 정비본부에 상주하면서 전문성을 키우도록 했다. 이광사 전 대한항공 부사장은 당시 정비사(과장직무대리)였는데 그때 조양호를 처음 만났다. 부장 한 명과 차장, 과장으로 구성된 보좌역(assistant)이 있었는데, 해당 업무는 물론 법무 등에 전문성 있는 인사도 포함됐다. 3개 부서를 혼자서 감당하려면 전문가의 도움이 필요했다. 시내 본사 본부와 시스템부도 수시로 드나들며 업무를 챙겼다.

당시 보잉에 대형기를 24대나 발주한 상태였는데 조양호는 미국에 있을 때부터 이를 주지하고 있었다. 엔진은 항공사가 선택했는데 제네럴일렉트릭(GE)과 프랫앤드휘트니(P&W) 중 어느 곳을 선정할지 결

정하지 못한 채 시간만 보내고 있었다. GE는 군용기에, P&W는 상용기에 강했다. 롤스로이스는 성능이 뛰어나다고 알려졌지만, 본사가 있는 영국과 거리가 멀어 애프터서비스를 받기가 쉽지 않았다. 동남아 몇몇 국가 항공사들이 고객이긴 했지만 과거 영국 식민지였던 관계 때문이었다. 대한항공은 P&W에서 GE로 바꿔보자는 분위기였다.

조양호는 대리인 이광사에게 언제까지 결정하면 엔진을 장착해 인도받을 수 있는지 임원들 앞에서 보고하도록 했다. 실무자 얘기를 직접 들은 것이다. 그리고 P&W 임원들을 불러들였다. 다시 이광사에게 영어로 브리핑하도록 하고 제때 엔진을 제작해 보잉에 납품할 수 있는지 즉석에서 확인했다. 조양호의 판단은 빨랐고 P&W는 거래처를 놓치지 않으려면 대한항공이 제시하는 조건을 들어주어야 했다. 조양호는 "공학도는 경영을 할 수 있지만, 경영 전공자는 엔지니어링을 배우기 힘들다"고 말했다. 조양호는 회장이 된 후에도 항공기 정비와 기술 분야에 관심을 기울였다. 항공산업이 첨단기술의 집약체여서 항공기술에 대한 충분한 지식이 없다면 항공사를 경영하기 힘들다고 생각했다. 이종희 전 대한항공 사장처럼 엔지니어 출신 경영층도 적지 않았다. 대한항공은 엔지니어 출신들의 위상이 높다. 조양호도 "엔지니어들이 어느 기업보다 우대받는 것이 사실"이라고 인정했다.

IT사관학교 총장, 대한항공이 젊어진 이유
메이드 인 코리아 차세대항공기의 꿈

국내에 블랙베리나 아이폰이 나오기도 전인 2000년대 후반 한국 IBM에 대한항공 전산팀 임원이 찾아와 "회사 그룹웨어와 스마트폰을 연동해 달라"고 요청했다. 조양호의 지시였다. 조양호는 "왜 우리는 클라우드를 하지 않느냐?"며 전산팀 임직원을 다그쳐 모든 시스템을 클라우드로 바꾸기도 했다. 한국IBM 대한항공 담당자들은 "대한항공이 새로운 IT기술이나 트렌드를 경영에 접목하는 속도가 우리가 따라가지 못할 정도로 빠르다"고 혀를 내두른다.

대한항공 전산시스템은 국내 IT 활용의 효시다. '컴퓨터'란 단어조차 생소했던 1975년 컴퓨터예약 시스템을 도입했다. 국내 최초로 전산시스템을 구축한 대한항공은 'IT맨사관학교'로 불렸다. 2000년대까지 국내 대기업 IT 담당 임원 가운데 대한항공 출신이 많았던 것도 그래서다. 대한항공은 남들보다 빠르게 IT 인프라를 구축한 덕에 급증하는 항공수요와 다양한 고객의 요구를 맞출 수 있었다.

대한항공이 일찌감치 전산시스템에 눈을 뜨게 된 것은 '얼리어답터' 조양호의 추진력 덕분이다. 조양호는 1960년대 말 미국유학 시절 컴퓨터를 처음 접했다. 귀국 후 경영수업을 받으면서 IT를 항공에 접목하는 데 집중했다. IT를 활용해 업무 전산화·표준화를 추진하는 과정에 획기적인 만큼 반발도 거셌다. 업무에 방해가 된다며 컴퓨터를 복도에 내놓는 부서도 있었다. 조양호는 "불편하다고 환경의 변화를 받아들이지 않으면 발전이 없다"며 밀어붙였다.

조양호는 1981년부터 4년간 시스템 담당 상무를 맡으면서 과감한 투자로 전산화의 기틀을 마련했다. 이를 통해 축적한 기술과 경험을 토대로 항공편 예약은 물론 여행정보까지 관리하는 종합항공예약시스템인 토파스(TOPAS)를 개발했다. 토파스는 여행사들로부터 각광받았다. 1980년대 후반 국내시장 공략에 나선 미국·유럽의 항공예약시스템에 맞서며 혁혁한 공을 세웠다. 토파스는 국내 대학 항공 관련 학과의 필수과목이 됐다.

조양호는 1989년 한진정보통신을 설립하며 육·해·공 물류그룹의 중추가 되는 정보통신망을 구축했다. IT 인프라를 통해 운항, 객실, 정비, 경영을 유기적으로 융합시켰다. 남다른 IT 프로세스를 통해 타 항공사들을 이끌었다.

조양호는 IT 신기기가 나오면 누구보다 빨리 접하는 '얼리어답터'다. 2000년 초 전산부서에 그들도 생소했던 PDA에서 e메일을 보게 해달라고 요청하기도 했다. 미국 출장 중 국내에 카내비게이션이 처음 나왔을 때 국내 전용차량 기사에게 제품을 장착하라 지시해두고 귀국 1주일 전부터 틈만 나면 깨알같이 적힌 제품설명서를 외워두었다가 인천공항에 내려 차에 오르자마자 모든 기능을 확인해볼 정도였다.

'컬러링'이 처음 나왔을 때도 조양호는 누구보다 먼저 휴대전화에 최애곡 〈Top of the World〉를 설정했다. 회의 때 임원들에게 컬러링을 해보라고 권했는데 임원들이 뭔지 몰라 당황했다고 한다. 페이스북도 경영진 중 가장 먼저 시작했는데 병석에서도 마지막 순간까지 글을 올렸다. 촬영한 사진이 너무 많아 막내딸에게 계정을 알려주고 올려 달라고 한 적도 많다.

조양호 덕분에 자녀들도 얼리어답터가 됐다. 조현민 ㈜한진 사장은 "어릴 때 아빠 무릎에 앉아 컴퓨터게임으로 체스를 배웠는데 아빠가 더 몰입하셔서 아빠가 출근하시고 나서야 혼자 즐길 수 있었다"고 했다. 또 "1990년대 초 초등학교 때 PC로 단편소설을 썼는데 아버지가 무척 좋아하시면서 미국출장에서 돌아올 때 레이저프린터를 사다 주셨다"며 "덕분에 숙제를 프린트해서 제출했다"고 했다. 국내엔 잉크젯 프린터도 없을 때였다. 지금은 사라진 소니 베타테이프, 레이저디스크 같은 웬만한 기기가 다 있었는데, 조양호의 최애 영화 〈탑건〉을 온 가족이 모여 레이저디스크로 몇 번이나 봤다고 한다. ㈜한진이 투자해 설립한 '휴데이터스'도 조양호의 영향이 절대적이었다. 조 사장은 "택배차량에 카메라를 설치해 자율주행을 위한 도로 정보를 수집하는 획기적인 사업으로 어릴 때부터 아버지의 'GPS사랑'을 보고 자란 것이 모티브가 됐다"고 했다.

1967년

IT에 대한 조양호의 관심은 대한항공 전체로 확산됐다. 임원 교육에 IT과정이 개설됐고 직원들 사이에 스마트폰 같은 IT기기 교육과정이 인기였다. IT를 활용해 생산성을 높이고 의사결정이 신속하게 이뤄졌다. 대한항공은 세계 항공업계의 'IT전도사'가 됐다. 조양호는 국제항공운송협회(IATA) 회의에서 전 항공사가 e티켓을 하루빨리 도입할 것을 주창했다. 그 결과 지금은 세계 모든 항공사가 e티켓을 사용하게 됐다. 대한항공에선 모든 승객의 짐을 전자태그(RFID) 시스템으로 처리하는 것도 도입했다. 전자태그로 위치를 추적해 수하물 분실이 획기적으로 줄어들었다. 고객관계에서도 IT 비중은 크게 늘렸다. 홈페이지를 개선하고 모바일 어플리케이션을 개발해 모바일 환경에서도 항공권 예매에서 체크인까지 모든 절차를 쉽게 할 수 있게 했다.

  조양호의 IT혁신의 핵심은 '선택과 집중'이었다. 대한항공은 국내 기업 중 가장 먼저 토털 IT 아웃소싱을 도입했다. 1999년 한국IBM과 10년 장기 IT 아웃소싱 계약을 체결한 후 계속 연장했다. 조양호는 데이터센터 운영을 직접 할 필요가 없다고 판단했다. 필요한 IT 프로젝트에 맞춰 하드웨어나 소프트웨어를 사용해 역량을 집중하기 때문에 비용 예측이 가능했다.

  IBM이 대한항공에 제공한 것은 온디맨드(On Demand)서비스로 데이터센터 운영은 물론 필요한 네트워크·애플리케이션 등을 적시에 IBM에 아웃소싱했다. 새로운 프로젝트가 떨어지면 일주일 안에 기기나 인력을 제공했는데 IBM에서 새 기기가 개발될 때도 대한항공에 먼저 도입을 건의할 때가 많았다. IT 아웃소싱은 경영진의 신뢰와 IT 이해도가 없으면 힘들다. 대한항공 경영진은 IT 트렌드에 대한 거부감이 전혀 없게 됐다. 조양호의 IT 투자로 대한항공은 나이를 먹을수록 젊어졌다. 보수적 이미지에서 젊고 감각적인 회사로 거듭났다.

A380 같은 신형기에 디지털 정보를 원활히 제공하기 위해 항공기와 지상 간 무선 환경을 구축하는 것부터 탄소 배출량에 대한 데이터를 집계하고 관리하는 녹색IT도 추진했다. 조양호는 "다양한 데이터를 상세하게 분석해 집중할 분야를 파악해야 급변하는 환경에 전략적인 대응을 할 수 있다"고 강조했다.

조양호는 차세대항공기 부품 제작에 적극적으로 참여해 항공산업의 첨단화를 주도했다. 대한항공은 보잉의 친환경 차세대항공기 B787 국제공동개발에 참여해 후방동체, 날개구조물 윙팁(Wing Tip) 등 여섯 가지 부품을 설계부터 제작까지 맡았다. 대한항공은 보잉으로부터 최우수 협력업체로 선정되기도 했다.

B787은 대한항공에 큰 의의가 있었다. 일본이 B787에 30%를 투자하면서 이 비행기는 '메이드 인 재팬'이란 말이 나올 정도였다. 이런 기종에 가장 중요한 부품 중 하나인 윙팁을 대한항공이 만들었다. B787의 윙팁은 유선형으로 휘어져 있어 만들기 힘든데 대한항공이 설계에서 제작까지 전 과정을 책임졌다. 탄소복합 소재로 만든 부품을 자체적으로 설계하고 제작할 수 있는 회사는 세계에서 몇 군데 되지 않는다. 우리나라가 비행기부품을 제작할 수 있다는 것 자체가 경이로운 일이다. 2012년에는 아태지역 미 전투기 F-16 성능 개량 사업자로도 선정됐다. 대한항공이 최고의 기술력을 가진 항공사로 인정받

지 않고서는 깐깐한 미 공군 협력사로 채택될 수 없었을 것이다.

항공우주사업 광고를 만들 때 조현민 ㈜한진 사장이 "언젠간 우리도 비행기를 만들면 좋겠다"고 하자 조양호는 "대한항공이 항공기 한 종을 만드는 것보다 모든 항공기에 대한항공 부품이 들어가는 게 더 좋다"고 말했다고 한다. 조 사장은 "그 말씀을 떠올릴 때마다 많은 생각을 하게 된다"고 했다.

평생의 반려자이자 여행의 길동무였던 이명희 전 일우재단 이사장도 조양호의 '디지털사랑'에 감탄하곤 했다.

"2004년 겨울, 제네바에서 체르마트로 가던 중 영화사 '파라마운트' 로고에 나오는 삼각산이 보이는 지점에서 갓길에 차를 대고 내려 셔터를 눌렀어요. 체르마트 가는 길은 하나인데 남편은 굳이 내비게이션을 보며 갔어요. 인공위성 수신이 잘 안 돼 어느 집 차고로 들어가기도 했지요. 사진에 취미를 붙인 것도 디지털카메라 때문이었어요."

조양호는 누가 운전하는 차를 타든 뒷자석에 앉는 법이 없었다. 조수석에 앉아 이것저것 살펴보려는 게 더 큰 이유였다. 조 사장의 회고다.

"2017년 부모님을 모시고 운전할 때였어요. 아빠는 전기차 모니터가 넓고 지도가 커서 무척 신기해 하셨죠. 그땐 지도가 북쪽으로 고정돼 있어 아빠가 설정을 바꿔 보겠다고 조작하시니까 뒤에서 엄마가 '애 신경 쓰이니 그만하세요' 하셨어요. 돌아가시고 얼마 안 돼 지도가 업데이트됐는데 아빠 생각이 많이 났어요."

서울을 '세계 항공산업 수도'로 바꾸다
18년간 IATA 집행·전략정책위원 대활약

조양호는 폭넓은 인맥과 해박한 실무지식으로 국내는 물론 세계 항공업계를 이끌었다. 국제항공운송협회(IATA, International Air Transport Association)는 120개 국 287개 민간항공사가 가입돼 있는 항공 관련 국제협력기구다. 국제항공업계의 정책 개발, 규제 개선, 업무 표준화 등 항공산업 발전과 권익을 대변하며 회원사들의 안전운항 감사 프로그램(IOSA, IATA Operational Safety Audit)도 운영한다.

조양호는 18년간 IATA 최고 정책심의·의결기구인 집행위원회(BOG, Board of Governors) 위원을 지냈다. 2014년부터는 31명의 집행위원회 위원 중 별도 선출된 11명으로 구성된 전략정책위원회(SPC, Strategy and Policy Committee) 위원으로 IATA의 주요 전략과 세부 정책 방향, 연간 예산, 회원사 자격 등 굵직한 결정에 주도적으로 참여했다. 대한항공도 IATA의 분야별 6개 위원회(Industry Committee) 중 4곳의 핵심 위원으로 참여하는 등 세계 항공업계를 이끌어 왔다.

국제 항공산업 전반을 주도하는 IATA에서 가장 중요한 행사가 매년 각국을 돌며 개최하는 '연차총회(AGM, Annual General Meeting)'다. 회원사 최고경영진, 항공기제작사와 유관업체 등 1,000여 명의 항공계 유력인사가 참석하는 항공업계 최대 회의로 전 세계 항공업계 주요 관계자들이 참여해 항공산업의 트렌드와 변화 모색을 위한 다양한 정보를 교환하는 만큼 세계 항공업계를 관통하는 정책과 철학이 결정되는 중요한 행사다. '항공업계 UN총회'로 불리는 연차총회를 개최하는 것은 그 나라 항공산업의 세계적 위상을 방증한다. IATA연차총회를 사상 최초로 서울에서 유치한 주역이 조양호였다.

2018년 시드니에서 알렉산드레 주니악(Alexandre de Juniac) IATA 사무총장은 서울을 차기 연차총회 개최지로 발표하면서 "한국은 세계 항공운송과 물류의 허브로 항공산업 전략을 수립하고 예측하는 데 최적화된 곳"이라고 극찬하며 "대한항공이 성공적으로 연차총회를 개최하는 동안 서울은 '세계 항공산업의 수도'로 탈바꿈하게 될 것"이라며 기대했다. 연차총회 개최는 대한민국 항공산업의 위상을 전 세계에 드높일 쾌거였다. 전 세계 항공업계의 이목이 대한민국에 집중되기 때문이다.

IATA연차총회의 서울 개최는 대한항공의 50년 역사와 위상이 담긴 결과였다. 1969년 아시아 11개 항공사 중 11위로 제트기 1대와 프로펠러기 7대로 시작한 대한항공은 2019년 B777 42대, B787-9 9대, B747-8i 10대, A380 10대 등 166대의 항공기를 보유한 글로벌 항공사로 발돋움했다. 비상의 중심에 조양호가 있었다.

대한항공은 연차총회 서울 개최가 더욱 특별했다. 창립 50주년을 맞는 해이자 IATA 가입 30주년을 맞는 기념비적인 해에 대한항공이 연차총회를 주관하고, 주관항공사 최고경영자가 의장이 되는 룰에 따라 조양호가 서울연차총회 의장을 맡게 됐기 때문이다. 대한항공의 IATA연차총회 서울 개최는 세계 항공업계 리더 역할을 시험할 좋은 기회였다.

IATA연차총회는 개최국의 정치·경제·문화·관광 등 미치는 파급효과도 크다는 점에서 큰 기대를 모았다. 대한민국의 아름다움과 관광 경쟁력을 알릴 기회라는 점에서도 2018평창동계올림픽 유치위원장과 조직위원장을 역임하면서 대한민국의 아름다움과 경쟁력을 전 세계에 알린 조양호가 적임자였다. 조양호는 관광 붐을 일으켜 부가적인 경제적 효과와 일자리 창출까지 이어지도록 민간외교관 역할도 함께 수행할 각오였다.

2019년 6월 1일 서울 삼성동 코엑스컨벤션센터에서 대한민국 항공 역사에 한 획을 그은 IATA서울연차총회(75회)가 화려한 막을 올렸다. 하지만 조양호는 그 자리에 참석하지 못했다. 개최가 두 달도 채 남지 않은 4월 8일 타계했기 때문이다. 연차총회 서울 개최를 위해 마지막 혼신의 힘을 쏟고 서울 유치가 확정됐을 때 누구보다 기뻐한 조양호는 정작 〈세계 항공산업의 수도, 서울〉이란 작품만 남기고 무대 뒤로 사라진 것이다.

6월 1일 첫 날 참석자들의 등록 절차를 시작으로 전 세계 언론매체에 남미·유럽·아프리카·중동 지역의 항공산업과 인프라 등 주요 현안을 설명하는 시간을 가진 이튿날 열린 개막식. 조양호의 삶과 업적을 추모하는 영상을 상영하고 전 세계에서 온 항공인이 조양호를 추억하며 묵념하는 시간을 가졌다.

이어 장남 조원태 한진그룹 회장이 조양호를 대신해 IATA서울연차총회 의장으로 선출됐다. 조원태 회장은 "이번 총회가 항공업계의 기회라는 선물이 어디 있는지, 그것을 둘러싼 위기라는 포장을 잘 뜯어

2013년 남아프리카공화국 케이프타운에서 개최된 69차 IATA 연차총회

내고 풀어내는 시간이 되기를 바란다"며 "우리 항공업계가 발견한 기회와 가능성들이 고객은 물론 인류의 더 나은 미래에 기여하길 소망한다"고 밝혔다. 이후 IATA 연간활동보고(Annual Report), 집행위원회 활동 보고(Report of the Board of Governors), 재무제표(Financial Statement)를 비롯한 2019년 IATA 결의안을 승인하는 과정이 진행됐다. IATA 집행위원회 신임 위원 선출, 2020년 열릴 76회 연차총회 개최 장소와 시기에 대한 논의도 이뤄졌다. 항공산업의 도전과 기회 등 세계 항공운송 산업을 분석하고 전망하는 다양한 세션도 진행됐고, '여행의 디지털 변혁에 따른 항공사들의 미래', '항공교통 관리 문제', '항공산업의 미래와 지속가능성', '디지털기술을 통한 고객만족도 최적화 방안', '장애 승객 수송 방안' 등 폭넓은 의제들이 다뤄졌다.

　　IATA연차총회의 서울 개최로 대한민국은 더 이상 세계 항공산업의 변방이 아니라 중심이 됐다. 주니악 IATA 사무총장의 1년 전 예언대로 연차총회가 열리는 서울은 사흘 동안 '세계 항공산업의 수도'가 됐다. 전 세계 항공업계의 거물들이 대거 한국을 찾게 됨에 따라 비약적으로 발전하는 대한민국 항공산업에 대한 인지도도 높아졌다. 특히, 최첨단 시설과 편의성, 환승 경쟁력을 갖춘 인천공항 제2여객터미널의 자연스러운 노출로 동북아 허브공항의 경쟁력을 전 세계에 알리는 계기가 됐다. 4차산업시대를 맞아 최첨단 유관 산업분야까지 외연을 넓혀 발전하는 계기도 마련했다. 침체기에 있는 관광산업이 퀀텀 점프를 하는 전기도 마련했다.

IATA서울연차총회는 세계 항공업계의 트렌드를 바꾸는 중요한 매머드급 이벤트이자 대한민국의 국격을 한층 높이는 터닝포인트가 됐다. 대한항공이 2019년 세계 항공산업 트렌드를 이끌어가는 리더 역할을 하면서 대한민국 항공산업의 위상은 한층 높아졌다.

대한항공은 IATA연차총회 직후 스카이팀 회장단회의(SkyTeam Governing Board)도 개최했다. 2020년은 스카이팀 창립 20주년으로 2019년 회의는 스카이팀의 전략과 방향을 수립하는 중요한 회의였다. 대한항공은 굵직한 국제행사를 잇따라 주최하면서 세계 항공업계의 리더 역할을 확고히 하는 한 해가 됐다.

2019년 IATA 서울연차총회에서 참석자들이 연차총회 개최를 앞두고 타계한 조양호를 기리며 묵념하고 있다. 연차총회 서울 개최를 위해 마지막 혼신의 힘을 쏟고 서울 유치가 확정됐을 때 누구보다 기뻐한 조양호는 정작 <세계 항공산업의 수도, 서울>이란 작품만 남기고 무대 뒤로 사라졌다.

"지평리전투의 역사를 기억하라"
전쟁史·무기체계 모두 꿴 군사전문가

대한항공 홍보실장을 지낸 신무철은 "조양호 회장은 최전방과 베트남에서 복무한 것에 큰 자부심을 갖고 있었다"고 기억했다. 1970년 미국유학 중 귀국해 입대한 조양호는 강원도 화천 육군 7사단(칠성부대) 수색중대에서 복무했다. 수많은 계단을 오르내려야 하는 비무장지대에서 복무하다 베트남전에 파병돼 꾸이년에서 1년 가까이 위생병으로 근무하고 수색중대로 돌아와 병장으로 만기(36개월) 제대했다. 우근민 전 제주지사가 내무반 동기였다. 2013년 겨울, 조양호는 화천 칠성부대를 방문해 제설기 7대를 기증하면서 "베트남에서 돌아와 전역할 때까지 눈 치우는 게 가장 힘들었다"고 토로했다.

조양호는 얼리어답터로 컴퓨터와 카메라에 관심이 많은 것으로 알려져 있는데 그보다 몰입한 분야가 전사(戰史)와 무기체계였다. 조양호는 전투기와 잠수함을 비롯해 신형 무기체계를 모두 꿴 정도의 군사전문가였다. 베트남전 참전까지 한 군 체험이 '얼리어답터' 조양호가 전사와 무기체계에 관심을 갖게 한 동기가 됐다.

조양호는 1984년 발간된 톰 클랜시의 테크노스릴러 《The Hunt for Red October》를 읽고 감명을 받았다. 냉전시대 소련의 타이푼급 핵잠수함 '붉은10월함'의 함장 마르코 알렉산드로비치 라미우스 대령이 소련에 환멸을 느끼고 미국으로 망명을 시도하는 내용으로 소설이지만 붉은10월함의 제원과 성능이 정밀하게 기술돼 있어 몇 번을 탐독

1970년 초 강원도 화천 육군 7사단(칠성부대) 수색중대 복무 시절

베트남전 파병 시절

베트남전 파병 시절

베트남전 파병 시절 꾸이년항

했다. 이 소설을 비롯해 신무기와 신기술을 다룬 원서들을 방위산업진흥회(방진회)에서 번역한 것도 회장을 맡고 있던 조양호의 지시였다. 《The Hunt for Red October》는 영화로도 만들어졌는데 개봉하는 날 조양호는 막내딸을 데리고 극장으로 달려갔다. 조현민 ㈜한진 사장은 "키가 크셔 계단식 좌석이 불편하셨을 텐데도 무척 신나 하시며 보셨다"고 회고했다.

조양호는 2004년 방진회장을 맡아 한국방위산업의 경쟁력 강화에도 앞장섰다. '방산보국(防産報國)'의 가치를 토대로 방위산업 생산 물량 확보에 힘을 쏟은 조양호는 방산 육성에 기여한 것에 자부심과 보람을 느꼈다. 첨단 무기를 개발할 때도 미래를 내다보고 선택과 집중을 했다. 국민 세금을 함부로 써서는 안 되고 얼마 안 가 공개될 기술에 매달리면 효과도 없고 중소 협력사들까지 도산하게 된다고 경고했다.

"이미 개발한 후에는 뒤쳐진 것이고 후진 무기를 우리도 쓸 수 없고 수출도 할 수 없다. 모든 걸 국산화하는 것은 시대에 맞지 않으며 살건 사고 핵심적인 기술을 집중 개발해야 한다."

조양호가 방진회장을 맡은 14년 동안 4조 원대이던 국내 방산 매출은 14조 원대로 3배 이상, 수출은 4억 달러에서 32억 달러로 8배나 증가했다. 171개이던 회원사도 600개를 돌파했다.

조양호는 한불경제협력위원회장으로 프랑스 인사들로부터 "한국에 가면 '지평리전투승전기념관'을 찾는다"는 얘기를 듣고 〈뉴욕타임스〉 기자가 쓴 《The Coldest Winter》에 기술된 6·25 격전 중 하나인 '지평리전투'에 관심을 갖게 됐다. 지평리전투는 1·4후퇴 때 경기도 양평에서 랄프 몽클라르 장군이 이끄는 프랑스군 600여 명이 3만 중공군을 격퇴한 대첩으로 중공군의 남하를 저지한 최초의 전투였다.

조양호는 주말에 양평으로 가보았는데, 지평리전투 당시 유엔군 지휘소로 사용된 '지평양조장' 건물관리인은 "주말에 어느 노인이 모자

2013년 7사단 위문

를 쓰고 평소 아무도 찾지 않는 기념관 곳곳을 관람했는데, 예비역 장성인가 보다 했다"고 했다. 조양호는 시설이 형편없는 기념관을 역사적 가치에 비추어 손색없이 업그레이드하기로 결심하고 지자체와 국회의원을 만나고 회장을 맡고 있는 방위산업진흥회 회원사들을 설득해 재원을 마련해 기념관을 지금의 모습으로 탈바꿈시켰다.

빼앗긴 영공을 되찾다
항공과 그 역사에 대한 통찰

조양호는 인도 출장에서 돌아오는 길에 대만을 지나 제주 상공을 지날 때 갑자기 홍보실장에게 "'아카라후쿠에'를 아느냐?"고 물었다. 홍보실장도 들어는 봤지만 자세히 알지는 못했다. 제주 남단 회랑항로(corridor)는 인천 비행정보구역(FIR)에 속하는 공역인데 중국이 일본 측과 교신하고 있었다. 게다가 우리나라 공역에 대해 상하이 관제소가 관제를 맡으면서 항공사에 통행료까지 요구하고 있었다.

중국이 한국보다 늦은 1970년대 유엔(UN) 국제민간항공기구(ICAO, International Civil Aviation Organization) 가입 당시 일본을 오가는 최단거리 노선이 필요하다며 ICAO에 불만을 제기했다. ICAO는 1983년 한·중·일 3국간 합의를 이끌어내면서 상하이 FIR의 아카라에서 인천 FIR을 지나 후쿠오카 FIR에 위치한 후쿠에까지 구간 '아카라-후쿠에 회랑항로(A593)'를 신설했다.

중국은 한국 공역을 통과함에도 인천 관제소와 교신하는 것을 반대해 ICAO는 동경 125도(SADLI 지점)를 중심으로 서쪽은 중국이, 동쪽은 일본이 관제하는 것으로 중재했다. 동경 125도 기준, 서쪽으로 약 99km까지는 인천 FIR에 해당한다. 문제는 제주남단 회랑항로는 한국 공역인데도 중국이 동경 125도부터 인천 FIR을 벗어날 때까지 관제를 맡아 항공사 측으로 항행서비스이용료(관제서비스 비용)를 징수하는 것이었다. 대한항공만 해도 2018년 초 기준 5년간 129억 원을 중국에 지불했다. 이 구간은 **280NM**(약 515km)로 상대적으로 짧은 구간에서 관제주파수가 두 차례나 변동되고 한국-동남아편이 증가해 교차지점에서 사고 위험이 높아지고 있었다. 교차지점의 항공기 운항대수는 한 해 **19만** 대에 달했다. 하지만 우리 정부는 알면서도 큰 관심을 가지지 않았고 국민들도 전혀 알지 못하고 있었다.

조양호는 이 문제를 해결하기로 했다. 대한항공을 비롯한 우리 항공사들의 부당한 손실도 손실이었지만 우리 영공에서 우리가 관제권을 갖지 못하는 상황을 바로잡으려 했던 것이다. 조양호의 지시로 언론을 통해 공론화되자 정부도 적극적으로 나섰다.

ICAO의 도움을 받아 제주 남단회랑의 안전문제를 해결하기 위한 한·중·일 특별회의를 2018년 10월 개최했는데 ICAO 측은 "항공회랑 정상화가 필요하다"며 인천 **FIR** 내 관제권에 대해 수정이 필요하다는 입장을 밝혔다. 결국 일본은 제주남단 회랑항로 관제권을 한국에 모두 이관하기로 했고 중국도 원칙적으로 이관하기로 합의했다.

정부도 하지 못한 영공 되찾기를 조양호가 해낸 것이다. 모두가 조양호의 항공과 그 역사에 대한 통찰과 문제해결력에 감탄했는데 정작 조양호는 자신의 역할이 알려지는 것을 드러내지 않고 언론과 정부에 공을 돌렸다.

"기업이 곧 사람이다.
경영의 기본도 사람이며
사람의 변화는 결국
올바른 교육으로부터 시작된다."

- 조양호 -

chapter 6

열공하는 기업
공부 권하는 CEO

"모르는 분야에 투자하지 않는다"의 역설
"투자할 분야면 공부로 완벽하게 이해하라"

1968년 쿠싱아카데미를 졸업한 조양호는 귀국 후 1975년 인하대 공업경영학과를 졸업했다. 대한항공 미주법인 근무 시절 서던캘리포니아대(USC) 경영대학원에 다녀 1979년 석사학위를 받았다. 1988년엔 인하대 경영대학원에서 박사학위를, 1998년 미국 엠브리리들항공대(ERAU)에서 항공경영학 명예박사학위를, 2006년 우크라이나 국립항공대(UNAU)에서 항공경영학 명예박사학위를 받았다.

2009년 국내 첫 외국인 경영대학장에 취임한 라비 쿠마르 카이스트(KAIST) 경영대학장은 2005년부터 한국 기업을 조사하고 연구했다. 쿠마르가 한국 기업에 관심을 갖게 된 건 USC에서 조양호를 만나 함께 교분을 나누면서다. 쿠마르는 조양호의 학구열과 공부한 것을 경영에 접목하는 방식에 주목했다. 조양호의 권유로 인하대에서 안식년을 보내기도 한 쿠마르는 '남들이 알아주지 않아도 노여워하지 않는'(人不知而不慍) 조양호의 공부법을 잘 알고 있었다.

"조양호 회장이 취임 후 '화물분야에서 최고가 되겠다'고 했을 때 세계 항공업계는 비웃었다. 하지만 침체기에도 공격적으로 시장을 확보한 전략은 대한항공화물을 세계 최고로 올려놓았다. 2000년 이후 노후기를 포기하고 화물기를 도입해 가파른 성장세를 보이는 중국시장 공략에 역량을 집중한 것은 적절한 선택이었다. 미국 사람들은 전문경영인이 필요하다고 하지만 한국에선 실력을 갖춘 오너경영인이 과

1998년 미국 엠브리리들항공대 항공경영학 명예박사학위 수여식

2006년 우크라이나 국립항공대 항공경영학 명예박사학위 수여식

감하고 신속한 의사결정을 할 수 있다."

'제대로 공부한' 오너경영인의 위력을 실감한 평가였다. 1980년대 초, 전무가 된 조양호는 최고경영자(CEO)가 되기에 자신에게 부족한 점이 무엇인지 잘 알고 있었다. 정비, 자재, 운항 등 현장에서 실무경험을 쌓으며 항공 분야에서 누구보다 전문성을 키웠지만 세상이 어떻게 돌아가는지는 잘 모른다고 생각했다. 모르면 배워야 했다.

조양호는 멘토부터 찾았다. 유재천(서강대 신문방송학과 교수, 상지대 총장), 이상우(서강대 정치외교학과 교수, 한림대 총장), 조동성(서울대 경영대 교수, 인천대 총장), 이홍구(서울대 정치학과 교수, 국무총리) 네 교수가 멘토로 나섰다. 조양호는 한 달에 한 번 멘토 4인방과 저녁식사를 하며 정치, 경제, 사회, 문화, 국제 등 각 분야 석학들이 들려주는 이야기를 경청했는데 나중엔 날카로운 질문도 하고 심도있게 대화하는 수준에 이르렀다. '지식의 만찬'은 2년 넘게 지속됐다.

'모르는 분야에 투자하지 않는다'는 조양호의 원칙은 역설적으로 '투자할 분야라면 공부를 해서 완벽하게 이해해야 한다'가 된다. 2018 평창동계올림픽유치위원장을 맡은 후 IOC에 제출하는 500쪽 분량의 '후보도시 파일(Bid Book)'을 달달 외울 정도로 공부한 것도 그래서였다. 주변에서 "저러다 쓰러지면 어떡하나" 걱정했지만 조양호의 학구열을 말릴 사람은 없었다. 조양호는 공부로 얻은 통찰로 한국 최고의 먹거리·볼거리·즐길거리를 제공하겠다는 '베스트 오브 코리아(Best of Korea)' 개념과 산악지역의 동계올림픽 전통과 세계 최상급 대도시 라이프 스타일을 동시에 즐기게 하겠다는 '베스트 오브 보스 월즈(Best of Both

1979년 USC MBA 졸업식

170 ■ chapter 6 열공하는 기업, 공부 권하는 CEO

Worlds)' 개념을 만들어냈다. 평창의 차별성을 강력하게 어필한 아이디어는 IOC 위원들의 표심을 잡는 데 큰 역할을 했다.

조양호는 공부하는 경영자였다. 국내외를 막론하고, 오너와 전문경영인을 불문하고 조양호만큼 공부에 열중한 경영자는 없을 것이다. 조양호에겐 눈에 보이는 것, 귀에 들리는 것, 손에 닿는 모든 것이 공부의 대상이었다. 항공과 물류는 말할 것도 없고 전쟁사와 무기체계, 스포츠와 정보통신기술(ICT), 여행과 사진에 이르기까지 한번 손에 잡으면 끝까지 파고들었다. 관심은 연구로 심화됐고, 취미는 특기로 발전했다.

조양호에게 경영은 공부와 다름없었다. 공부하는 것이 경영이고, 경영하는 것이 공부였다. 조양호에게 '배우고 때때로 익히는 것'(學而時習之)은 터득한 이론을 시시각각 변하는 시장 환경과 경영 현장에서 입증하는 과정이었고, 그것은 '역시 기쁨'(不亦說乎)이었다. 조양호의 학구열은 자신을 넘어 전사적으로 확산됐다. 조양호는 공부의 필요와 목적을 뚜렷하게 보여주고 전 직원에게 각인시키는 '최고공부책임자'(CSO, Chief Study Officer)이기도 했다. 임직원에게 틈만 나면 "공부!"를 외쳤다. 이유성 전 대한항공 스포츠단장은 40년 가까이 근무한 대한항공을 떠나 만성적자였던 골프장 '우리들CC'를 환골탈태시켜 화제가 됐는데 그렇게 할 수 있었던 비결로 조양호의 공부 독려를 꼽았다.

"회장님은 '체육인이 제대로 직무교육을 받으면 어떤 것이든 잘할 수 있다고 믿는다'며 부지런히 공부하라고 하셨습니다. 그때 공부해둔 것들이 지금까지 큰 도움이 되고 있습니다."

한진 임원 모두 서울대 단기 MBA 프로그램 이수
교육투자 놓고 계산기 두드리지 않았다

조양호의 '공부리더십'으로 대한항공을 비롯한 한진그룹은 회사이면서 거대한 학교가 됐다. 2003년 서울대 호암교수회관 컨벤션센터에서 30여 상무보급 임원 전원이 참석한 가운데 임원경영능력향상과정(KEDP: Korean Air Executive Development Program) 수료식이 열렸다. 연초 승진한 신규 임원 전원을 서울대 경영대에 위탁해 3개월간 MBA(경영학석사) 수준의 단기 연수를 시키고 나서 맞이한 수료식이었다. 조양호가 단상에 올랐다.

"회사가 어려운 가운데서도 신규 임원들에 대한 교육투자가 회사의 미래에 대한 최선의 대비책이라고 판단했습니다. 이 과정을 통해 향상시킨 경영 능력과 지식이 현업에 접목돼 대한항공이 초일류 항공사로 거듭나는 데 밑거름이 되리라 확신합니다."

KEDP 개설은 "급변하는 경영환경에 대응하기 위한 전략 수립과 문제해결력을 향상시켜야 한다"는 조양호의 의지와 결단에 따른 것이었다. 소사장제를 도입 이후 전문경영인 중심의 자율경영체제 정착을 위해 임원 능력을 향상하려는 목적도 있었다.

KEDP는 3개월 동안 경영학의 필수과목을 배우는 기초과정, 전략적 의사결정과 조직관리 능력을 갖춘 리더를 육성하는 심화과정, 분야별 전문지식을 국제 수준으로 정착시키는 응용과정을 통해 미래 경영자를 양성하는 데 초점을 맞추었다. 리더의 통찰력을 키우기 위해 인문, 사회, 과학 등 최신 트렌드 관련 특강도 마련됐다. 서울대 교수들을 비롯해 해당 분야 전문가 등 국내 최고 수준의 강사진 **40**명이 **260**강좌에 참여했다. 조양호는 첫 시행한 KEDP의 성과를 보고 신규 임원의 교육 프로그램으로 정착시켰다.

KEDP는 항공·물류산업 분야에 특화된 내용을 중심으로 사례토론과 프로젝트연구 방식으로 임원들이 현업에서 맞닥뜨리는 현안들에 대한 해결책을 찾아나가도록 했다. 실제 업무상 문제를 해결하면서 학습하는 '액션러닝'(Action Learning) 방식으로 경영능력을 향상시킬 수 있었다.

KEDP는 서울대 경영대가 운영하는 산학협력 프로그램 중 강도 높기로 유명하다. 하루에 **80**분짜리 수업을 **5**교시에 걸쳐 소화해야 하고

3개월 안에 두 개의 연구주제를 지도교수에게 제출하고 예비 발표, 중간 발표, 최종 발표를 거쳐 마지막에는 소속사 최고경영자가 참관하는 가운데 결과물을 평가받아야 해서 교육과정 내내 긴장의 고삐를 늦출 수 없다.

처음엔 새벽에 일어나 예습하고 저녁시간에 복습을 해도 따라가기가 쉽지 않았지만 현업에서 궁금했던 문제들에 대한 해결책을 조금씩 배워나가고 교수들도 그들의 관심 주제를 콕 집어주어 유익했다. 2022년까지 KEDP를 이수한 임원은 모두 261명으로 대다수가 중추적인 역할을 담당하는 핵심 인재로 자리매김했다. 과정이 끝난 후에도 관심 분야를 더 깊이 공부한 임원도 있다. 조양호는 KEDP에 참가하는 임원들을 업무에서 제외시켰는데 수업에만 전념하게 한 것이다. 국내 대기업 가운데 신규 임원 전원을 현업에서 빼내 교육한 것은 처음이었다.

조양호는 교육투자를 놓고 계산기를 두드리지 않았다. 2007년 금융위기로 전사적으로 허리띠를 졸라맬 때도 우수 직원들을 해외 MBA과정에 보내는 것을 포함한 교육투자만큼은 한 푼도 줄이지 않았다.

"무한궤도의 미래가치를 두고 수익률을 따지는 것이 무의미하다."

항상 배우는 조직, 한진그룹을 거대한 학교로!
"공부엔 때가 없다. 학교에서만 하는 것도 아니다"

"인재를 키우는 것은 내게 가장 보람 있는 일이다. 교육은 백년대계이고 육영사업은 무한궤도 같다. 나는 '기업은 인간'임을 마음에 새겨두고 인재 양성에 애썼다."

창업주 조중훈은 인하대, 한국항공대를 튼튼한 반석 위에 올려놓는 등 교육사업에 헌신했다. 조중훈의 공부론은 시공(時空)을 초월했다.

"공부엔 때가 없다. 학교에서만 하는 것도 아니다."

국내 최초의 사내대학인 정석대학은 그런 공부론에서 탄생했다. 정석대학의 전신은 가정형편 등으로 대학 진학을 못한 직원들을 위해 1988년 그룹 내 설립된 '한진산업대학'이다. 설립 첫 해 5,600여 고졸 직원이 입학 경쟁을 벌일 정도로 많은 관심을 받았다. 1991년 1회 졸업식 때 조중훈은 "대졸직원과 한진산업대학 졸업 직원을 동등하게 대우하겠다"고 선언했다.

한진산업대학이 성공하면서 다른 기업들도 사내대학을 설립하자 **1999**년 교육부는 사내대학 학위를 인정하는 법안을 도입했고 한진산업대학은 '학위 인정 사내 기술대학'으로 인가받았다. 한진산업대학은 **2000**년 '정석대학'으로 명칭을 바꾸고 학사학위와 전문학사학위 과정을 운영하기 시작했다.

조양호도 아버지 조중훈의 교육철학을 이어 정석대학에 애정과 노력을 쏟았다. 정석대학의 국제 경쟁력 확보를 위해 외국어와 **IT** 활용 비중을 높이고 현장실무과정도 확대했다. 이론을 실무에 적용할 때 발생하는 문제점을 파악하고 개선 방안을 도출하는 창의성 교육도 한층 강화했다.

조양호는 아무리 바빠도 정석대학 졸업식 행사는 반드시 참석했다. 늦게 배움의 기회를 얻어 주경야독으로 받은 감격스런 졸업장의 무게가 결코 가볍지 않음을 알았기 때문이다. 졸업생들의 손을 일일이 잡아주며 용기를 북돋아 주고 기쁨을 같이했다.

정석대학은 2023년까지 **4,000**명 가까운 졸업생을 배출했다. 정석대학은 학사학위(경영학·산업공학·항공시스템공학)와 전문학사학위(항공시스템공학과) 등 **4**개 과정을 운영하고 있다. 운영비와 재학생 학비 전액을 지원하고 졸업생에게는 성적에 따라 호봉 승급을 주고 우수 졸업생에겐 승진 때 가점을 부여했다. 정석대학 졸업생 중에는 박사학위를 취득하고 임원까지 승진한 사례도 있다.

조양호는 교육을 통한 인재 양성에 최선의 노력을 다했다.

"경영의 기본은 사람이며 사람의 변화는 결국 올바른 교육으로부터

시작된다."

 항상 무엇인가를 개선하고자 하는 의지로 변화를 통해 새로운 가치를 창조하고자 하는 '진취적 성향의 소유자', 자기중심적 사고를 탈피해 세계의 다양한 문화를 이해할 수 있는 열린 마음과 문화적 지식을 지닌 '국제적 감각의 소유자', 단정한 용모와 매너, 고객을 배려하는 '서비스정신과 예절의 소유자', 작은 일이라도 책임감을 갖고 완수해 고객에게 신뢰받는 '성실한 조직인', 동료의 의견을 경청하고 화합하는 '팀플레이어'가 조양호의 인재상이었다.

 조양호는 인재경영을 더욱 체계화했다. 신입사원부터 임원까지 직급별, 직무별로 체계적인 인재양성제도를 운영했다.

"실전처럼 훈련하고, 훈련한 대로 싸우라"
출산·육아휴가 극대화는 복직교육에 달렸다

 조양호는 신입사원 채용 때 직무능력검사 필기시험을 폐지하고 자기소개서와 면접 비중을 강화했다. 객실승무원 채용 시험에서는 '상황별 대응 면접'으로 기내 돌발상황 대처 능력과 순발력, 서비스 직무 적합성을 다각도로 평가했다. 승객의 요구가 과도한 상황에서 어떻게 대처하는지도 면밀하게 살펴보고 평가에 반영했다.

 다양한 인재양성제도도 정착시켰다. 그중 '경력개발제도'는 개인별 경력개발 단계를 설정해 체계적으로 성장하도록 하는 프로그램이다. 신입사원은 항공맨의 자질 함양을 위한 집중교육 과정을 거친다. 항공사 사업과 운영 전 분야를 망라한 항공운송 기본과정, 서비스 실무 교육과 조직인의 기본 자질 교육으로 구성된 입사교육을 이수한 이후 직무 역량 강화를 위한 직종별 전문 교육을 받는다.

입사 후 필수적으로 현장업무 경험을 하게 되며 조직원으로서 조속한 적응을 위해 선배 지도사원의 도움을 받을 수 있는 '멘토링제도'를 운영하고 있다. 입사 1년이 지나면 '리프레시(Refresh)과정'을 통해 직무 이해도를 높이고 스스로 경력개발 경로를 모색한다.

역량을 갖춘 실무자와 중간관리자를 해외 취항지로 파견해 향후 해외관리자 자원으로서 양성하는 한편, 신규취항 후보지에 지역전문가를 파견해 시장조사와 취항가능성을 검토하는 제도도 운영한다. 해외 시장 이해도를 높이고 글로벌 마인드를 함양할 기회를 제공하기 때문에 인기가 높다.

승격자과정을 운영해 승격에 따른 새로운 역할 인식과 전사 주요 현안을 공유하게 한다. 전 직종과 부문의 통합 교육으로 전사적으로 소통을 활성화하고 차세대 변화의 리더로 육성한다.

부장급 관리자를 양성하기 위한 **AMS**(Airline Management School)과정도 진행한다. 항공사에 특화된 전문지식과 경영마인드, 관리역량을 겸비한 관리자 육성을 위해 진행되는 교육프로그램으로 이 또한 현업에서 배제돼 오롯이 한 달간 교육에 집중하게 하는 핵심관리자 양성 프로그램으로 교육 이수 후 직원들의 만족도가 매우 높다.

사내 공모로 선발된 직원들에게 USC, MIT, 인하대 등 국내외 대학 MBA뿐 아니라 물류전문대학원, 로스쿨 등에 입학할 기회를 주어 이 과정을 이수한 직원들이 사내 곳곳에서 핵심 인재로 실력을 발휘하고 있다.

조양호는 양성평등주의 인사 철학으로 우수 여성 인력이 경력 단절 없이 일할 수 있도록 했다. 객실승무원이 임신과 육아를 위해 장기 휴직한 후에도 빠르게 업무에 적응하도록 매달 차수별로 복직교육을 진행해 경력단절이나 업무공백 걱정 없이 비행에 참여하도록 했다. 자녀 2명 출산으로 3년 7개월간 휴직하고 돌아온 승무원도 이 교육에 참여한 후 무리 없이 비행업무를 수행할 수 있게 됐다. 조양호의 교육 투자는 한진맨 전원을 '샐러던트', 공부하는 직장인으로 만들었다.

기업가 마인드로 정석인하학원 키우다
"학원의 주인은 재단, 책임 통감해야"

조양호는 1995년 정석학원(항공대·항공과학고), 1997년 인하학원(인하대·인하공전·인하부고·인하부중) 이사장을 맡고 나서 두 학원에 각별한 관심을 가지고 바쁜 중에도 학원 발전을 위해 많은 시간을 투자했다.

두 학원 모두 바깥세상과 동떨어져 있다고 생각해 한진그룹과 대한항공을 경영하며 쌓은 노하우를 적용해 경쟁력을 높이고자 했다. 학문의 자율성은 보장하되 학원 운영의 효율성을 높이기 위해 기업가적 마인드로 적극 개입해야 한다고 생각했다. 총장들도 CEO 마인드로 무장하도록 독려했다. USC를 모델로 삼아 벤치마킹하자고 했다.

2013년 두 학원을 '정석인하학원'으로 통합하고 국내 학원 최초로 관리회계시스템을 도입했다. 학과별, 교수별 생산성도 측정했다. 학과도 원가 개념으로 운영해야 한다고 강조했다. USC는 교수들이 대학에 얼마나 공헌하는지를 평가하는데 그걸 벤치마킹한 것이다.

학교의 경쟁력을 높이기 위해 매년 130억 원 이상을 쏟아부으면서도 그룹 인사가 학교에서 보직과 급여를 받는 것을 일체 금지했다. 재단이 이사회를 통해 운영진의 기업가적 마인드를 강화하고 기업처럼 효율적인 시스템을 갖추도록 했다. 이사회 산하에 운영·인사·전산·병원위원회 등 교육전문가들로 구성된 20개 소위원회를 설치했다. 역시 USC를 벤치마킹한 것이다. 조양호도 소위원회 회의에 매달 참석했다.

인하대와 항공대가 특성화대학으로 경쟁력을 갖추도록 했다. 항공대를 졸업하면 항공전문가가 돼야 한다고 했다. 인하대는 어떤 특성화대학이 될지 스스로 찾도록 해 '공학', '물류', '법학', '의료' 네 가지로, 항공대는 항공산업을 뒷받침하는 조종·정비인력 양성으로 압축됐다. 항공대에 영문과가 왜 필요한지를 묻고 폐지하는 결단도 내렸다.

항공운항과도 산업과 연계된 시스템을 도입했다. 조종사 양성을 위해 제주도에 항공비행훈련원을 만들어 항공대 출신은 물론 다른 대학 어느 과를 졸업해도 지원할 수 있도록 했다. 항공운항과를 졸업해도 비행훈련이 40시간밖에 되지 않아 조종사가 되려면 공군에서 ROTC

장교로 근무하는 수밖에 없었다. 항공비행훈련원에서 3년간 집중 훈련을 통해 1,000시간 비행을 마치면 조종사로 지원할 수 있었다. 선진 항공시스템을 익히도록 미국 비행학교에 연수도 보내주었다. 항공비행훈련원이 배출한 조종사는 1,000명이 넘는다.

인하대에 설립한 국내 최고 수준의 전자도서관 정석학술정보관의 운영시스템을 구축하고 방대한 컨텐츠를 확보해 인천의 '정보의 보고'로 만든 것도 조양호였다. 2만8,000평 부지에 인하대 송도캠퍼스도 만들었다. 용현캠퍼스는 기초학문 중심으로, 송도캠퍼스는 로켓 등 첨단 항공산업공학을 중심으로 발전시키기 위함이었다. 인하펠로우교수제(IFP)를 만들어 세계 석학들을 초빙해 연구활동을 전폭적으로 지원했다. 세계 항공산업 네트워크를 활용해 기업들이 인하대가 항공우주연구소를 설립하는 데 투자를 유치하기도 했다. 창업융합학교를 설립해 산학연을 활성화했다. 조양호는 인하대병원을 짓고 의료장비 하나를 들여올 때도 예전 자재부 시절 쌓은 노하우로 꼼꼼하게 반드시 필요한 이유를 분석했다.

조양호는 국내 최초로 대학을 수출하기도 했다. 2014년 우즈베키스탄에 인하우즈벡대(IUT)를 설립했다. 전례가 없어 교육부에서도 난감해 했지만 조양호의 설득으로 결국 승인을 받았다. 인하대 교수들이 대거 투입됐고 현지 학생들이 인하대에 유학 와 수업을 듣기도 했다. IUT는 우즈벡에서 가장 취업하기 좋은 명문대로 성장했는데 IUT에 들어가려고 과외 열풍까지 불 정도다. 2020년엔 아제르바이잔에도 대학을 수출했다. 이후 다른 대학들도 인하대를 따라 해외로 진출하고 있다. 조양호는 세계 8개 대학을 컨소시엄으로 글로벌대학을 만들기도 했다.

조양호는 "학원의 주인은 학생"이라는 구호에 동의하지 않았다. 오히려 실질적으로 "학교의 주인은 재단"임을 명확히하고 그만큼 '책임있는' 운영을 강조했다. 재단은 지원만 하는 것이 아니라 이사진과 교수진이 머리를 맞대고 학교를 효율적이고 체계적으로 운영할 방안을 찾도록 했다. USC에도 이사진과 교수진을 이끌고 가서 배울점을 찾아나갔다. USC와 인하대 간 교수진과 학생들 교류도 활발해졌다.

조양호는 USC 이사회 멤버로 USC의 선진 재단 운영시스템을 그룹 산하 대학에 도입하는 데도 적극적이었다. USC의 연구·관리기법을 인하대와 한국항공대에 벤치마킹하기 위해 2006년 대학 총장, 재단 관계자, 어윤대 고려대 총장 등 타 대학 관계자도 USC를 방문해 스티븐 샘플 총장과 토론했다. 조양호의 사학 운영에 대한 열정과 좋은 점을 접목시키려는 교육 개혁 의지에 일행 모두가 깜짝 놀랐다.

조양호가 앞장서 2003년 USC에 '국제산학연구소'가 설립됐다. 연구소 설립에는 USC와 인하대, 유나이티드테크놀로지가 참여했다. 조양호는 2004년 인하대에 국제산학협력항공우주공학연구소를 설립하는 데도 산파역을 했다. 연구소 설립에 인하대, 항공대, USC, 에어버스가 참여하고 대학과 기업이 함께 첨단 항공우주공학기술 연구와 응용을 목적으로 한 공동연구 프로젝트를 수행했다. 조양호는 인하대와 USC가 공동개발·연구 프로젝트를 위한 가상현실체험관인 몰입형오디오시스템을 인하대 정석학술정보관에 설치하기도 했다.

2014년 인하대와 GE는 항공 엔진에서의 연구개발 협력을 위한 연구개발기금 전달식을 가졌다. 왼쪽부터 박춘배 인하대 총장, 조양호 정석인하학원 이사장, 제프리 이멜트 GE 회장, 크리스 드루어 GE항공 아시아태평양 사장.

조양호는 2005년 USC에서 '올해의 기술경영자상'을 받았다. 매년 기업 경영에 공학 기법을 활용해 산업발전에 기여한 국제 경영인 한 명을 선정해 주는 상이었다. 조양호는 같은 해 10월에도 USC가 수여하는 '글로벌경영자상'(Spirit of Troy Award)을 받았다. 상을 수여하기 위해 내한한 야쉬 굽타(Yash Gupta) USC 경영대학장은 "국제 운송업계의 모범적인 경영인으로 세계 경제와 이용객 편의 향상에 이바지한 업적을 인정해 수상자로 선정했다"고 말했다.

"원더풀! 그레이트!"

2006년 한라산 중턱에서 USC 재단이사들이 여기저기서 감탄사와 함께 연신 카메라셔터를 누르며 풍광 담기에 바빴다. 이들은 제주도에 있는 대한항공 시설과 제주민속촌, 한라산, 섭지코지 같은 명소를 둘러보았다. 재단이사들은 중국에서 회의를 마치고 미국으로 돌아가려던 일정을 바꿔 제주를 방문했다. 중국 방문 때 재단이사로 동행한 조양호가 제주의 자연을 보여주고 한국 문화에 대한 관심과 이해를 높이기 위해 스티븐 샘플(Steven B. Sample) 총장과 재단 이사진 **75명**을 제주로 초청한 것이다. 회장인 스탠리 골드(Stanley P. Gold) 샘록홀딩스(Shamrock Holdings) 사장, 찰스 볼든(Charles F. Bolden Jr.) 전 우주비행사, 영화 〈아웃오브아프리카(Out of Africa)〉와 〈블루라군(Blue Lagoon)〉을 제작하고 콜럼비아픽처스(Columbia Pictures) 회장을 지낸 프랭크 프라이스(Frank Price) 등 학자, 기업인, 법조인, 언론인 등 저명인사들이 제주로 왔다.

조양호는 '일우재단'을 통해서도 국내외 장학사업, 학술지원사업, 문화·복지사업을 수행했다. 몽골, 캄보디아, 우즈베키스탄 등에서 장학생을 선발해 국내 대학에서 유학할 기회를 제공했다.

chapter 7

'기준과 원칙' 작사가
'시스템경영' 작곡가
'항공오케스트라' 지휘자

조양호의 수성(守城)은 공성(攻城)보다 치열했다.
조양호는 '원칙'이란 주춧돌 위에 '기준'이란 기둥을 세우고
어떤 공격에도 무너지지 않는 견고한 성을 쌓듯 시스템을 만들어 나갔다.
지나온 길을 냉철하게 점검하고 현장 업무의 본질을 꿰뚫는 통찰의 수성!
그래서 조양호의 시스템경영은 역설적이다.
과거를 돌아보며 미래를 내다봤고,
더 높이 날기 위해 더 움츠리는 역학구조를 만들었다.
가끔 후퇴하는 것처럼 보였지만 실은 '뒤로' 전진하고 있었고,
좀처럼 드러내지 않았지만 실은 '깊이' 비상하고 있었다.

1995년 B777을 시찰하는 조중훈과 조양호

가업이 아니라 경험이 최고의 유산
장남 아니라 경영자의 자격을 얻다

조양호는 경영학을 '경영의 원리'가 아니라 '경영의 결과'로 정의했다.
"경영학이란 수많은 경영자가 시행착오를 겪으며 이룩한 성과를 정리한 것에 불과하다. 선대회장은 누구보다 책을 많이 읽으셨는데 대부분 인문서였고 경영서는 없었다."
조양호에게 경영은 경영학 이론대로 하는 것이 아니라 경험을 충분히 축적하고 과학적으로 분석하며 체계적으로 정리해 사업과 기업을 지속가능케 하는 것이었다. 조양호는 창업주 조중훈처럼 '사업'은 할 수 없음을 잘 알고 있었다.
"선대회장은 사업을 '예술'이라고 하셨다. 나는 사업을 예술의 경지로 끌어올린 아버지의 능력, 그 창의력을 따라갈 수 없다. 내가 할 수 있는 것은 창업자가 이룩한 성과를 극대화하고 성장·발전하도록 시스템을 만드는 일이다."
조양호는 다른 오너 2세들과 달리 사업가보다는 경영자의 길을 충실하게 걸었고, 어느 사업가, 기업가보다 전진하고 비상했다. 부친의 사업을 물려받았지만 기업보다 부친이 사업을 일으키고 키우며 쌓은 경험을 더 큰 자산으로 받아들였기에 가능한 결과였다. 오랜 세월 이어진 경영수업은 아버지의 경험을 연구하고 분석하고 실습하는 과정의 연속이었다.

1992년 에어버스 본사 방문

조중훈 역시 혹독할 정도로 장남 조양호를 단련했다. 한 한진그룹 전 임원은 "조양호 회장님은 결재할 보고서를 매의 눈으로 보았다"며 "글자 하나 숫자 하나까지 놓치지 않았는데, 그런 디테일한 통찰은 조중훈 선대회장에게 경영수업을 받으며 체득한 것"이라고 했다. 조중훈은 중요한 보고서는 반드시 조양호를 거쳐 올라오도록 했는데 조양호가 놓친 부분이 발견되면 불호령이 떨어졌다. 아버지가 수시로 자신을 테스트하고 있음을 알고 있는 조양호는 전 부문을 완전무결하게 체크할 수밖에 없었다.

조양호는 임원들도 자신처럼 전문성을 갖추고 업무를 꿰뚫고 있기를 바랐다. 보고하는 임원이 첫 페이지를 설명하고 있는데 조양호는 이미 중간 부분까지 꼼꼼히 읽고 질문해 임원은 어느 대목인지조차 몰라 허둥대며 얼버무리기 일쑤였다. 부서 실무자들이 작성한 보고서를 대충 훑어보고 들어왔다가는 여지없이 지적을 받고 호통을 들었는데 너무 당황한 나머지 어떤 임원은 문을 열고 나가기 전 노크를 하기도 했다. 조양호는 "나는 보고받는 선수다. 세 마디만 들어봐도 보고자가 사안을 알고 있는지 알 수 있다"고 말하곤 했다.

조양호는 '장남의 자격'이 아니라 '경영자의 자격'을 갖추기 위해 끊임없이 자신을 연마했다.

"기업은 물려받는 것이 아니라 자격을 갖추고 가꾸어 나가는 것이다. 아무리 2세라도 경영할 자격이 없으면 기업을 이끌 수 없다."

1974년 입사 이래 항공·운송의 외길을 걸은 조양호는 전문가 중 전문가였다. 정비, 자재, 기획, IT, 영업 등 전 부문을 섭렵하며 항공·운송 시스템을 정확하게 파악하고 이해했다. 조종사 라이선스를 획득했을 뿐 아니라 엔진소리만 듣고도 항공기 정비 상태를 알 수 있을 정도였다. 국내·외를 통틀어 조양호 이상의 경험과 통찰을 가진 항공·운송 전문가는 없을 것이다.

"지금은 전문경영인 시대다. 실무를 모르면 의사결정을 내릴 수 없다. 업무 내용을 정확히 파악한 후 합리적인 결정을 내릴 능력은 경영자의 기본 조건이다. 특히, 항공사는 전문적인 경영 능력 없이 권위만으로는 경영권을 행사할 수 없는 특수 업종이다. 운항과 정비에서 기내식 서비스까지 전문 분야가 많아 한두 사람에 의해 운영될 수 없고 각 분야 전문가들이 책임지고 협업해야 한다."

조양호는 항공·운송업을 오케스트라에 비유하며 최고경영자(CEO)는 시스템을 잘 만들고 원활하게 돌아가도록, 모든 사람이 각자 역량을 발휘하도록 조율하는 지휘자가 돼야 한다는 이른바 '시스템경영론'을 창시했다.

"임직원들이 수십 년간 축적한 규정과 매뉴얼을 충분하게 이해하고 반복훈련을 통해 생활화해야 한다. 이를 토대로 정확하고 단호하게 위기를 관리해야 한다."

"나를 따르라"가 아니라 '따라갈 수밖에 없는', "하면 된다"가 아니라 '될 수밖에 없는' 시스템

조양호는 어떤 전문경영인보다 전문성을 갖춘 오너경영자였다. 그렇게 쌓은 전문성을 기반으로 자신만의 경영철학을 구축했다. 조양호가 경영수업을 마칠 즈음 대한항공은 창업기와 비교할 수 없을 정도로 외연이 커지고 업무가 복잡해졌다. 창업기의 영감과 모험만으로 밀고나갈 수 없음을 조양호는 통감하고 있었다. 경쟁을 뚫고 위기를 관리하면서 거듭나려면 과학적이고 체계적이며 합리적인 경영이 절실하게 요구됐다. 리더는 "나를 따르라", "하면 된다"를 외치는 대신 구성원 전체가 '따라갈 수밖에 없고', '될 수밖에 없는' 구조와 환경을 만들어야 했다.

"창업기에는 선대회장처럼 뛰어난 리더가 이끌어가야 하지만 나는 아버지처럼 완벽한 사람이 아니므로 시스템을 만들어야 한다."

흔히들 조양호가 수성(守城)을 잘 해서 성공을 거두었다고 평가하지만, 조양호의 수성은 공성(攻城)보다 치열했다. 조양호는 '원칙'이란 주춧돌 위에 '기준'이란 기둥을 세우고 어떤 공격에도 무너지지 않는 견고한 성을 쌓듯 시스템을 만들어 나갔다. 지나온 길을 냉철하게 점검하고 현장 업무의 본질을 꿰뚫는 통찰의 수성! 그래서 조양호의 시스템경영은 역설적이다. 과거를 돌아보며 미래를 내다봤고, 더 높이 날기 위해 더 움츠리는 역학구조를 설계했다. 가끔 후퇴하는 것처럼 보였지만 실은 '뒤로' 전진하고 있었고, 좀처럼 드러내지 않았지만 실은 '깊이' 비상하고 있었다.

'청기와장수'는 필요없다. '누가'보다 '모두'
그 사람 없어도 돌아가야 제대로 된 조직

조양호가 경영 일선에 있던 30여 년, 대한항공과 한진그룹은 숱한 위기에 직면했지만 위기를 극복했을 뿐만 아니라 비상을 계속했다. 그 비결을 '조양호의 리더십'이라고들 하지만 정작 조양호는 그런 평가를 달가워하지 않을 것이다. 조양호가 가장 듣기 싫어하는 소리가 "그 사람 없으면 안 된다"였다.

조양호는 '없으면 안 될' 사람을 '청기와장수'로 명명했다. 청색의

1990년 제주지점 신사옥 공사현장 시찰

단단한 기와를 만들어 큰돈을 번 사람이 제조 비법이 유출될까봐 자식한테도 노하우를 알려주지 않아 세상을 떠난 후 맥이 끊기고 말았다. 조양호는 능력을 동료들과 공유하지 않는 '청기와장수'를 용납하지 않았다.

조양호는 '누가'보다 '모두가'가 중요했다. 몇몇 유능한 사람에게 의존하면 그 사람이 없을 때 업무가 지속될 수 없고 기업의 존립도 어려워진다. 그 사람이 없으면 대신할 사람이 있어야 하고 대신할 사람이 없어도 조직과 업무가 돌아가도록 시스템이 구축돼 있어야 한다. 그것이 바로 조양호가 주창한 시스템경영이다.

조양호의 시스템경영은 9·11테러 이후 글로벌기업들이 앞다퉈 도입한 'BCM(업무연속성관리, Business Continuity Management)'보다 선진적이고 포괄적이었다. BCM은 재해나 사고로 업무가 중단되지 않도록 전사적인 정책과 시스템을 수립하고 관리하는 것으로 경영진이 차량이나 항공기로 이동할 때 분산 탑승하는 것도 BCM 중 하나다. 조양호의 시스템경영은 BCM이 필요하지 않을 만큼 어떤 사람에 의해서가 아니라 시스템으로 돌아가도록 조직을 근본적으로 바꾼 것이었다.

조양호는 부서이기주의와 독불장군을 용납하지 않았다.

"다른 부서까지 포함한 전체 프로세스를 파악하고 의사결정을 해야 하는데 항공은 특히 그렇다. 시스템으로 움직여야지, 뛰어난 한두 사람이 움직여서는 안 된다. 시스템에서 움직이고 시스템으로 작동하게 하라."

서용원 전 한진 대표는 "조양호 회장님은 스페셜리스트보다 제너럴

리스트를 선호했다"며 "1만 명을 먹여살리는 한 명의 천재를 키우는 것보다 1만1명이 소통하며 효율적으로 업무를 수행할 시스템을 만드는 쪽을 택했다"고 말했다.

2012년 임원세미나에서 조양호가 대한항공 배구팀 '점보스'를 극찬한 것도 그래서였다.

"점보스가 좋은 성과를 내는 것은 스타플레이어가 아니라 팀워크 덕분이다. 대한항공은 어느 한 사람, 한 부서가 잘한다고 되는 것이 아니라 기내, 운송, 예약 등 전 부서가 조화를 이뤄야 하며 이를 위해서는 팀워크가 필요하다."

조양호의 시스템경영은 고객과 현장을 향하고 있었다. 현장은 절대안전을 지상 목표로 하는 수송업에서 필수요소이자 고객과의 접점이다. 아울러 항공사의 생명은 서비스이고 최상의 서비스야말로 최고의 항공사를 평가받는 길이다.

"시스템을 볼 때는 우리에게 맞는지, 고객에게 맞는지를 따져 보라."

진에어 출범 때도 조양호는 고객중심 시스템을 강조했다. 조양호는 세간의 '저가항공사'라는 표현을 '저비용항공사'로 바로잡았다. 'LCC(Low Cost Carrier)'를 직역해도 저비용항공사가 맞았다.

"비용을 줄여 발생한 수익은 승객에게 되돌려주어야 한다. 비용을 줄여 고객이 지불하는 요금을 낮춰주는 것이 저비용항공사의 존재이유이자 역할이다."

수익을 많이 내는 것이 아니라 고객에게 최대한 많은 수익이 돌아가도록 시스템을 만든 것인데 저비용항공 업계에서 찾아볼 수 없는 획기적인 것이었다.

고객뿐 아니라 국익까지 생각했는데 감정적인 경쟁심이 아니라 데이터에 근거한 시장 분석과 수요 예측으로 노선을 개척하도록 했다. 진에어가 성장하려면 국내선만으로는 한계가 있었다. 눈에 들어온 곳이 사이판이었다. 사이판은 아시아나항공의 단독노선이었다. 그동안 아시아나항공은 대한항공이 개척한 노선마다 따라 들어와 저가 공세로 승객을 빼앗아 갔다. 김재건 당시 진에어 대표는 아시아나항공 단독노선인 사이판에 취항해 역공하려고 했다. 하지만 조양호는 '같은 나라 항공사끼리 제 살 깎는 경쟁을 해선 안 된다'며 "어렵더라도 국내 항공사들이 들어가지 않은 노선을 개척하라"고 했다. 그렇게 해서 뚫은 노선이 라오스다.

조양호는 원칙과 기준에 따른 시스템경영을 강조하면서도 유연성을 잃지 않았다. 시스템도 사람이 만드는 것이고 아무리 잘 만든 시스템도 완벽할 수는 없고 계속 진화해 나가야 한다고 생각했다.

"합리적인 의사결정과 정보 공유로 즉각적인 대응 체계를 수립하라. 문제가 있으면 보고하고 협업하라. 실수는 있을 수 있다. 그래서 항공사 운영은 크로스체크가 필요하다. 언제든 위기에 봉착할 수 있으므로 플랜B를 만들어 두어야 한다. 쓰던 안경을 벗고 새 안경으로 갈아 쓰는 자세가 필요하다. 앉아서 보고만 받지 말고 현장을 챙겨라."

의사결정구조 '수직'에서 '수평'으로

1989년 팀제를 도입한 것도 시스템경영의 일환이었다. 변화에 능동적으로 대응하고 관리 중심에서 벗어나 조직과 인력 운영의 유연성을 확보하기 위한 조치였다. 이후 각 부서의 팀이 폭증해 조직이 비대해져 책임을 위, 아래, 옆으로 전가하는 경향이 농후해지고 복지부동 풍조가 만연해지자 조양호는 1995년 부서제를 폐지하고 업무 프로세스를 단축하고 기능이 중복되는 팀을 통폐합해 '대팀제'로 재편했다. 업무 특성과 기능이 유사한 팀을 그룹으로 묶어 조직을 간소(Slim)·수평(Flat)화하고 의사결정 단계를 축소한 것이다. 1997년엔 BU(Business Unit)제를 도입했는데 작고 효율적인 본사 조직을 구축하기 위해 임원과 부서장이 관장하던 분야를 BU로 통합하고 기능별 소팀제를 하나의 업무 프로세스 단위로 통합해 생산성과 효율성을 극대화했다. 2000년대에 들어서는 지금의 본부장 책임경영 체제로 전환했다.

주(駐)코트디부아르대사를 지낸 박윤준은 2018평창동계올림픽조직위원회에서 국제국장으로 일하면서 조양호식 소통의 진면목을 보았다.

"조양호 위원장이 부임하기 전 옆 부서에서 무엇을 하는지조차 알지 못했다. 중요 사안은 위원장에게만 보고하고 감추기 바빴다. 조양호 위원장은 조직위의 의사결정구조를 '수직'에서 '수평'으로 바꾸었다. 가장 큰 현안이 무엇인지, 시급히 해결할 것은 무엇인지 모든 걸 공론화해 토론하자 부서끼리 쉬쉬하던 관행이 사라졌다. 부서 간 격론이 벌어지기도 했는데 조양호 위원장은 그 시간을 충분히 보장해주었다. 이런 게 '조양호식 경영'이구나 생각했다."

조양호는 시스템경영을 위해 인사제도도 계속 혁신했다. 조직 내부에 만연한 관료주의와 연공주의, 무사안일주의를 개선하기 위해서였다. '잘하는 사람은 많이 주고 못하는 사람은 도태시키는' 능력주의가 아니라 '기업과 구성원의 영속적인 발전'을 추구하는 인사시스템을 정립했다. 개개인의 양성 목표에 따라 인재를 키우는 경력개발제도(CDP)를 시행하고 공정한 평가 결과에 상응하는 보상을 받도록 했다.

대한항공과 한진그룹은 조양호의 시스템경영으로 사람에 충성하는 사람보다 시스템에 따라 움직이고 시스템을 개선하는 사람이 승진하고 대우받는 인사제도가 정착됐다. 조양호는 '시스템에 기름을 치고 원활하게 돌아가게 만드는 것'을 임원의 임무이자 역할로 규정했다.

"시스템을 잘 만들어 놓으면 누가 그 자리에 가도 업무가 돌아간다. 시스템을 만들고 문제점을 찾아 개선해 나가는 사람이 인재다."

서용원 전 한진 대표는 "우리는 현장에서 시스템이 어떻게 움직이는지, 흐름에 문제점은 없는지를 파악해 이떻게 개선할지 보고해야 했다"고 말했다.

조양호는 "필요한 나무가 되려면 스스로 가지를 쳐야 한다"며 정기 인사뿐 아니라 시스템에 필요한 인재가 있으면 그때그때 인사를 단행했다. 조양호의 시스템경영에는 학연이나 지연 같은 인맥이나 줄서기는 구조적으로 발붙일 수 없었다.

조양호는 교육훈련에도 시스템경영을 적용했다. 총무본부와 교육

1990년 부사장 시절 한진그룹 경영능력 개발과정(KMDP) 입과에 앞서 훈시하고 있다.

훈련본부를 인재개발관리본부로 통합해 채용부터 교육, 평가에 이르기까지 일관성 있는 인사시스템을 구축했다. 1994년부터 신입사원을 전원 해외로 보내 연수받게 하는 등 글로벌 인재 양성에도 공을 들였다. 분산돼 있던 교육훈련부서를 1995년 등촌동 교육훈련센터 한 곳으로 모아 통합된 교육과정 개발과 전문강사에 의한 효과적인 교육이 가능해졌다.

조양호는 노조를 협상 주체로 인정했다. 항공기와 승객을 책임지는 관리자라고 믿었던 조종사들이 파업했을 때도 받아들였다. 회사의 원칙을 훼손하지 않는다면 언제라도 대화할 수 있다고 생각했다.

"얼마나?"가 아니라 "어떻게?"
과정이 맞으면 사후보고도 OK!

조양호가 결과보다는 과정을 중시한 것도 시스템경영과 맥을 같이한다. 아무리 결과가 좋게 나왔어도 주먹구구로 해서 그 과정을 설명할 수 없으면 운이 좋았다고 간주했다. 결과가 만족스럽지 않아도 시행착오를 설명할 수 있다면 오히려 다음에 지속적으로 성과를 낼 수 있는 경험치를 얻은 것으로 평가했다. 과정이 합리적이었다면 결과가 나빠도 질책하지 않고, 결과가 좋아도 과정이 주먹구구라면 칭찬하지 않았다. 조양호는 언제나 품질을 극대화하는 최적의 프로세스를 찾는

데 집중했다. 양보다는 질을 중시한 조양호는 "얼마나?"가 아니라 "어떻게?"를 물었다.

조양호는 전문경영인이 보고하지 않고 결정했어도 그 결정이 합리적이고 논리적으로 맞으면 문제삼지 않았다. 심이택 전 부회장은 그것을 잘 알고 있었다. 1999년 심이택이 사장 취임 후 노조사무실을 방문했을 때다. 부사장도 찾지 않던 노조사무실에 사장이 오자 감명을 받은 노조위원장은 "올해 임금협상은 사장을 믿고 사측에 일임하겠다"고 했는데, 심이택 역시 노조의 신뢰에 화답하는 뜻으로 20%에 달하는 파격적인 임금인상을 약속했다. 즉흥적인 결정이었지만 이유는 충분했다.

IMF외환위기 때 과장급 이상의 임금이 10% 삭감된 이후 회복되지 못하고 있어 해당 임직원들의 사기가 많이 떨어져 있었다. 실적도 상당부분 개선됐고 고통을 감내해 준 직원들을 계속 어렵게 할 수는 없는 상황이었다. 심이택의 파격적인 결정에 재무팀은 "20%에 육박하는 인상은 상당한 금액이어서 회장님 결재가 나지 않을 것"이라며 걱정했지만, 심이택은 "회장님께 금액이 많고 적은 것보다 그렇게 해야 하는 합리적인 이유를 설명해 드리라"고 했고, 심이택의 예상대로 조양호는 두 말 없이 결재해 주었다. 조양호는 책임경영을 무조건 보장해 준 것이 아니라 권한을 주되 반드시 확인했다. 이른바 '트러스트 앤 베리파이(Trust & Verify)'다. 확인 결과 심이택의 판단이 옳았음을 인정한 것이었다.

경영은 공학이자 과학이다
JAL보다 잘 만든 매뉴얼

조양호가 원칙과 기준을 명확히 한 것도 시스템경영의 핵심이었다. 무슨 일을 하든 원칙과 기준을 세우고 추진하라고 했다. 조양호는 완벽주의자였다. 안전에서는 특히 그랬다. 사람의 감이나 주먹구구로 판단하는 것이 아니라 데이터를 분석해 명확한 원칙과 기준을 세우고 체계적이고 과학적으로 안전운항시스템을 구축하도록 했다. 조종사를 비롯한 운항인력 인사도 상명하복은 물론 인맥이나 줄서기가 발붙이지 못하도록 합리적인 평가시스템을 갖추도록 했다. 대한항공이 2000년 이후 인명 무사고 기록을 이어가고 있는 것도 조양호의 원칙과 기준의 안전시스템경영 덕분이다.

"적당주의에서 사고가 발생한다. 안전에는 협상이란 없다. 안전과 바꿀 수 있는 것은 아무것도 없다."

조양호가 평창동계올림픽 조직위원장을 맡았을 때 보좌했던 신무철 전 대한항공 홍보실장은 조양호가 얼마나 원칙과 기준을 중시했는지를 보여주는 일화를 들려주었다. 평창동계올림픽 때 기업마다 홍보관을 짓는데 대한항공도 참여했다. 5층짜리 건물을 짓기로 했는데 조양호는 다른 기업들과 달리 "컨테이너를 쌓아 지으라"고 지시했다. 올림픽이 끝나면 철거할 건물인데 철골과 패널로 지으면 철거하기도 힘들고 자원을 재활용하기도 어렵다고 판단한 것이었다. 컨테이너로 지으면 다음 행사 때도 재활용할 수 있었다. 중간보고 때 공사 중인 사진을 본 조양호는 진노했다. 시공업체에서 컨테이너를 그대로 쌓지 않고 철골 프레임을 썼기 때문이었다.

하중을 견디지 못할 것으로 판단하고 임의로 설계를 수정한 것을 조양호는 용납하지 않았다. "컨테이너만으로 충분함이 입증돼 그렇게 지시한 것인데 불필요한 철근을 덧대 자원을 낭비하고 재활용도 힘들게 만들었다"며 당장 철거하라고 했다. 결국 올림픽 기간에 가장 크게 후원한 대한항공만 홍보관이 없게 됐는데 손실을 감수하면서도 원칙과 기준을 지키려는 조양호의 확고한 의지를 단적으로 보여준 사건이었다.

산업공학을 전공한 조양호는 경영을 '공학'이라고 생각했다. 이광사 전 대한항공 부사장은 기내사업본부 건물을 지을 때 조양호에게서 미처 알지 못한 사실을 배웠다.

"부지가 넓다고 이런 식으로 건물을 하나씩 지으면 무질서해지고 비효율적으로 된다. 배치도를 그려 보잉에게 전달하라."

항공기 제작사의 시스템엔지니어들에게 자문을 구한 것이다. 이광사는 "그때 접근방식이 과학적이고 체계적임을 알았다"며 "그것이 바로 시스템경영이었다"고 말했다.

대통령 전용기를 임대할 때도 경호실에 '기준'을 만들어 주었다. 지창훈 전 대한항공 사장은 "회장님은 '엔진이 두 개가 아닌 네 개를 장착해야 한다'고 했다"며 "엔진이 2개인 항공기일 경우 엔진 하나가 꺼지면 절차에 따라 인근 공항에 내려야 하는데 그 곳이 적성국이면 어떻게 할 거냐는 이유에서였다"고 말했다.

조양호의 시스템경영은 매뉴얼로 형상화됐다. 대한항공 초창기 운항매뉴얼에는 'KAL' 대신 'JAL'로 오기된 문장이 많았는데, 일본항공(JAL) 매뉴얼을 참고해 만든 탓이었다. 대한항공은 1969년 대한항공공사를 인수해 항공사를 시작할 때 인력 교육이나 운영 노하우, 매뉴얼 등을 일본항공에서 배웠다. 불모지에서 이륙한 후발주자의 궁여지책이었지만 언제까지나 그럴 순 없었다.

조양호는 시스템경영의 일환으로 오랜 세월 축적한 데이터와 선진 글로벌 항공사들의 매뉴얼을 총망라해 대한항공을 시스템으로 움직일 매뉴얼을 집대성하도록 지시했다. 2012년엔 일본항공이 조종사 70여 명의 교육을 맡아달라고 부탁하기도 했다. 1952년 출범한, 롤모델 항공사였던 일본항공이 도움을 요청하면서 두 항공사의 위상이 역전된 것이다.

'원칙과 기준'은 시스템의 회전축
브레이크 고장 나면 달릴 수 없다

조양호는 기준과 원칙이 없이 관행으로 이루어지는 것을 용납하지 않았다. 승무원 진급 때 결과만 가져와 결재해 달라고 하자 어떤 기준으로 승무원의 업무성과를 평가했는지 물었는데 당시 그런 기준이 있을 리 만무했다. 비행 스케줄에 따라 랜덤으로 승무원을 배치했으므로 누가 누구를 어떻게 평가하는지 알 수 없었다. 잘 알지도 못하고 형식적으로 좋은 점수를 주거나 사무장의 개인적 호불호에 따라 고과를 매길 수도 있었다.

조양호는 "일정기간 지속적으로 함께 근무하며 충분히 인사고과를 할 수 있도록 체계적인 팀 구성을 하라"고 지시했다. 실무진의 반대가 심했다. 랜덤으로 하지 않으면 힘든 노선에 투입된 승무원들에게 불이익이 생길 것이라는 이유에서였다. 조양호는 "힘든 노선이면 근무 환경을 개선할 일이지, 랜덤으로 배치할 일이 아니다. 업무 강도와 기여도를 종합적으로 평가해 인사고과에 반영하라"고 했다. 이후 승무원 조편성은 체계적으로 이루어졌고 승무원 평가 역시 투명해졌다.

대리점 영업에도 문제점을 지적했다. 특정 대리점에 과도한 좌석을 할당하는 것에 제동을 건 것이다. 실무진은 "많이 파니까 많이 준다"고 했지만, 조양호는 "많이 주니까 많이 파는 것"이라고 진단했다. "어떤 대리점이 얼마나 판매하는지 객관적인 평가에 근거해 물량을 할당하라"고 했다. 역시 시스템경영의 일환이었다.

'일우사진상'을 제정할 때도 조양호는 기존 사진작가상들과 차별화된 원칙과 기준을 가지고 상의 취지와 방향을 분명히 했다.

"연령을 제한하지 말고 경력을 보라. 유명 작가가 아니라 알려지지 않았지만 잠재력 있는 작가를 발굴하라."

지원이 필요한 작가를 지원해야지 유명한 작가에게 굳이 상을 줄 필요는 없다는 것이었다. 사진작가상도 무조건 작가를 발굴해 상을 주는 것이 아니라 취지와 방향에 맞게 합리적이고 효율적인 시스템을 만들어야 한다고 생각했다. 조양호는 국제적으로 인정받는 평론가와 큐레이터, 에디터들을 초빙해 심사하도록 했는데, 천재 사진작가로 알려진 스테판 쇼어(Stephen Shore), 뉴욕 메트로폴리탄미술관 큐레이터 제프 로젠하임(Jeff Rosenheim) 등이 심사위원단으로 참여했다. 서류심사를 통해 24명을 가려내고, 일대일면접으로 '주목할 작가' 2명을 선정했는데, 상은 몇몇 작가만 받을 수밖에 없지만, 국제적인 심사위원들이 일대일로 평가와 조언을 해 가급적 많은 작가에게 혜택이 돌아가도록 한 것이다. 획기적인 시도였다.

조양호는 일우사진상 수상작이 세계무대에서도 인정받는 데 방점을 두었다. 상금과 출간에 그치는 것이 아니라 유망작가를 발굴하는 취지가 실질적으로 목표를 달성할 수 있는지를 본 것이다. 수상작을 사진집으로 출간했을 때 세계 유명 서점에 비치될 수 있는지까지 체크했다.

그러한 노력의 결과, 일우사진상 프로젝트를 진행한 신수진 교수는 문체부 차관으로부터 연락을 받기도 했다. 문체부가 해외 유명 서점에서 일우재단에서 만든 사진집이 판매되는 것을 발견하고 해외 출판과 판매가 어떻게 가능했는지 자문을 요청한 것이다.

그 후 문체부에 국제출판을 지원해주는 사업 프로젝트가 만들어지기에 이르렀다. 조양호는 사진집 출간기념회 때 많은 게스트 앞에서 신 교수에게 작품을 평하라고 했다. "회장이라도 전문가의 평가를 받아야 한다"며 공정의 원칙을 지킨 것이다.

석태수 전 한진칼 대표는 경영기획실장 때 조양호가 "비행기가 얼

마나 더 필요할지 검토해 보라"고 하면 늘 "지금도 충분하고 지금 있는 비행기를 최대한 활용하는 것이 재무적으로 안정적"이라고 보고했다. 경영기획실장으로서 그럴 수밖에 없었는데 조양호는 결국엔 석태수의 현실적인 의견보다 "아니야, 지금 사야 해!" 하며 원래 생각대로 결정했다.

석태수는 제동을 거는 보고서에 단 한 차례도 사인을 해주지 않는 조양호가 섭섭하기도 했다. 석태수는 "뜻대로 하실 거면서 왜 나에게 검토하라고 하시는지 몰랐다"며 "하지만 지금의 대한항공을 보면 회장님의 판단이 결국 적중했음을 인정할 수밖에 없다"고 말했다.

조양호는 참모들이 보지 못하는 미래를 보는 혜안을 가지고 있었다. 그후로도 언제나 보수적일 수밖에 없는 석태수에게 "검토하고 의견을 보고하라"고 했는데, 지금 와 생각해 보니 멀리 내다보고 과감하게 투자하면서도 반대의견을 경청하며 안정성을 견지했던 것이다. 가속페달을 밟을 수 있는 것은 브레이크 시스템이 확실하기 때문이다. 브레이크가 고장 난 자동차는 달릴 수 없다. 조양호는 나아가면서도 언제라도 멈출 수 있도록 견제할 시스템을 만들어놓았던 것이다. 이 또한 시스템경영이다.

누구보다 정이 많았지만 일에서는 원칙과 기준이 분명했다. 이석우 변호사는 대한항공 법률고문과 사외이사로 일할 때 친구사이라도 판사 출신답게 중립적이고 객관적으로, 때로는 비판적인 의견을 제시했는데 조양호는 가급적 받아들였다.

"원칙을 중시하고 감언이설을 싫어해 정도경영, 준법경영을 하려고 애썼죠. 그래서 회사는 더욱 탄탄해졌고요. 1997년 외환위기와 2007년 세계금융위기를 예측하고 기회로 삼은 것을 보고 임원들은 물론 기업인 친구들 모두 감탄했죠."

조현민 ㈜한진 사장이 들려준 '골프 일화'에서도 한 치의 오차도 허용하지 않는 원칙주의자의 면모를 엿볼 수 있다.

"퍼팅한 공이 홀 근처에 멈췄대요. 한 타 받고 끝내도 되는데 아빠는 임원이 "오케이!" 하자 "이게 무슨 오케이야?" 하시더니 다시 퍼팅을 하셨다죠. 너무 아빠다워서 엄청 웃었어요."

chapter 8
절대안전을 향한 도전
무사고 기록의 비밀

하인리히법칙

2007년 '하늘을 나는 호텔' A380을 도입한 대한항공은 시승식을 가졌다. 기자 시절 시승기에 올라탄 내가 몰래 2층으로 올라가 맨 앞줄에 앉은 조양호에게 다가간 순간 기체가 심하게 흔들렸다. 반환점인 제주 상공에 부는 거센 비바람 탓이었다.

중심을 잃고 무릎 위로 넘어진 기자를 조양호가 붙들어 옆자리에 앉혔다. 얼떨결에 동석한 기자는 못마땅한 표정으로 응시하는 조양호의 기세에 인사조차 하지 못했다. 절차를 무시하고 기습인터뷰를 시도한 기자에게 조양호가 쏘아붙였다. "벨트부터 매시오!" 기자는 10분 가까이 야단맞듯 안전교육을 받고 나서야 인터뷰를 할 수 있었다. 조양호에게 무례함은 안전불감증에 비하면 아무것도 아니었다.

조양호는 회장이 된 날부터 대한항공의 '최고안전책임자(CSO)'를 자처했다. 한 임원은 "미주지역본부장 시절 하루에 100대 가까운 항공기가 머리 위에 떠 있음을 생각하면 순간순간이 아찔한데, 회장님은 전 세계 상공에 수백 대가 떠 있는 것을 늘 염두에 두셨다"고 말했다.

1974년 입사 이래 조양호는 잊을 만하면 터지는 항공기사고 때문에 경영수업을 받는 내내 전전긍긍했다. 20만 개에 달하는 부품이 들어가는 복잡하고 정교한 항공기는 그만큼 철저하게 정비하고 관리해야 안전을 보장할 수 있다. 자재와 정비 분야에서 실무 경험을 쌓은 조양호는 "적어도 부품이나 정비 문제로 사고가 발생하는 일은 없게 하겠다"는 각오로 혁신을 거듭해 자재와 정비 품질 관리에서 한 치의 오차

도 허용하지 않는 원칙과 기준을 만들었다. 그런데도 사고는 계속 발생했다. 기체 결함이나 정비 불량이 아니라면 원인은 자명했다. 조종술과 운항관리에 심각한 문제가 있음을 조양호도 모르지 않았지만 인사와 교육 문제에 적극적으로 관여하는 데는 한계가 있었다. 창업주 조중훈 회장이 건재하고 부친과 함께 회사를 일군 선배 경영진이 오랜 기간 구축한 조직관리 방식과 인사정책에 문제를 제기하는 것은 부친에 존경을 넘어 경외심을 가진 조양호에게 엄두도 낼 수 없는 일이었다. 대한항공은 1980년대 이후 2~3년 간격으로 사고가 발생하자 1990년대 이후 비행운영품질보증(FOQA), 안전장려금제를 시행했다.

1930년대 미국 여행보험사 매니저 헐버트 하인리히(Herbert W. Heinrich)는 7만5,000건의 사고를 분석해 '1:29:300법칙'을 만들었다. 하나의 대형사고가 발생하기 전 같은 원인으로 29차례의 작은 사고가, 그 전에 같은 원인으로 부상 당할 뻔한 사건이 300번이나 있었음을 밝혀낸 것이다. 조양호도 크고 작은 항공기사고와 사소하게 보이는 사고 징후를 예의주시하며 분석했는데, 하인리히가 그랬던 것처럼 '사고를 막으려면 근본 원인을 찾아내는 게 관건'이라고 생각했다.

86아시안게임, 88올림픽 개최 후 해외여행 자율화로 대한항공은 취항노선과 운항편수가 급속도로 늘고 조종사를 비롯한 승무원 수도 해마다 배가됐다. 국내선도 성수기에 표를 구하지 못할 정도로 성장하면서 대한항공은 전성기를 맞고 있었다. 덩치는 커졌지만 불어난 인력을 제대로 교육하고 관리할 시스템은 따라가지 못하고 있었다. 경영도, 안전도 '공학'이라고 생각한 조양호는 회사 규모가 커지고 시대가 바뀌었는데도 체계적이고 과학적이지 못한 운항과 안전 관리가 늘 불안했다. 사장이 된 지 몇 해가 지났는데도 환골탈태할 추진력을 확보하지 못한 자신이 답답했다. 1997년 여름, '하인리히의 법칙'은 예외 없이 대한항공을 강타했다.

넘어야 할 고비, '니미츠힐'

1997년 8월 6일 0시 42분, 대한항공 KE801편 B747-300 여객기 (HL7468)가 괌 아가냐(Antonio B. Won Pat)공항 착륙 직전 바로 앞 언덕 니미츠힐(Nimitz hill)에 부닥쳤다. 창사 이래 최대 위기를 맞자 팔순을 바라보던 조중훈 회장이 노구를 끌고 괌으로 날아가 지휘할 생각까지 했는데 은퇴한 옛 임원들까지 불러들여 태스크포스팀을 꾸리려는 움직임까지 일고 있었다. 심이택 사장과 임무를 교대하고 잠시 서울대책본부에 들어와 있던 조양호의 생각은 달랐다. 반복되는 사고를 기존 방식으로 수습하는 것은 미봉책에 불과하고 이 기회에 근본적인 해결책을 마련하겠다고 결심했다. 사고를 확실하게 매듭짓고 미래를 대비해 환골탈태해야 했다. 그 일을 해낼, 아니 해내야 할 사람이 자신임도 알았다. 조양호는 조중훈 회장에게 처음이자 마지막으로 '뜻을 거스르는' 직언을 했다. 사고 수습과 재발 방지를 포함한 모든 개혁의 전권을 위임받은 조양호는 다시 괌으로 날아갔다. 한진가(家) 세대교체의 서막이 오르는 순간이었다.

조양호는 미주지역본부 관리보좌역 이광사를 괌으로 불렀다. 자재·정비본부 시절부터 호흡을 맞춰 온 이광사와 함께 미국연방교통안전위원회(NTSB, National Transportation Safety Board) 측에 "괌에서 이루어지는 모든 수습작업을 서울대책본부로 이관하겠다"고 밝혔다. "모든 책임을 대한항공이 지겠다"는 조양호의 결연한 의지에 유해 발굴에 지쳐 있던 NTSB도 협조하기로 했다. 조양호는 공항을 나서면서 미안함과 죄책감에 고개를 숙였다.

2000년 1월 13일 NTSB 보고서에서도 확인됐지만 괌사고의 주원인은 운항승무원의 과실이었고 아가냐공항의 부적절한 장비 운용이 부수 요인이었다. MSAW와 ILS 외 안전장치들은 정상 작동하고 있었고, 비슷한 시각 다른 비행기들은 악천후에도 문제 없이 착륙했기 때문이다. 이전 사고들은 대부분 테러에 의한 것이었지만, 괌사고는 '휴먼 에러'가 결정적 원인이었다. 안전에 대한 신뢰가 무너진 것이다.

귀국하기 며칠 전 조양호는 현장에서 회의를 소집했다. 침통한 표정으로 비장하게 말문을 열었다.

"돌아가면서 사고원인이 무엇이라고 생각하는지 말해 보시오."

조양호는 고통스럽지만 '사고와 마주해야 사고를 막을 수 있다'고 생각했다. 하지만 아무도 정곡을 찔러 얘기하지 못했다. 뭐라고 말하든 특정 부서에 책임이 돌아갈 것이 두려웠던 것이다. 조양호가 생각하기에 조종사들의 책임은 명백했다. **NTSB**의 조사에서도 관제사 과실과 조종사 과실이 모두 있었던 것으로 나타났다. 절반 이상은 대한항공의 책임이었다. 관제사가 잘못된 신호를 보내도 조종사가 똑바로 대응했으면 사고를 막을 수도 있었다. 조종술의 문제가 있었음이 분명한데도 침묵하는 사고조사위원들을 보며 조양호는 실망이 컸다. 바로 그때 이광사가 소신을 밝혔다.

"다른 사람이 운전하는 차의 조수석에 앉아 있을 때 운전자가 누구냐에 따라 등을 기대고 맘놓고 가기도 하고, 다리를 모으고 전방을 주시하며 긴장한 채 가기도 하는데, 하물며 비행기를 타고 갈 때야 오죽하겠습니까? 저는 우리 비행기를 타고 다닐 때마다 솔직히 편하지 못합니다."

회의를 마치고 나서 조양호는 이광사에게 "다른 항공사들에 비해 근무조건이 부족하지 않고 안전교육에 그렇게 힘쓰는데 왜 이런 사고가 일어나는지 모르겠다"며 고통스러워했다.

대한항공은 괌사고로 절체절명의 위기에 직면했다. 건설교통부로부터 1년 6개월간 국제노선을 배분받지 못하게 됐고, 한·중 수교가 됐는데도 베이징, 상하이 등 주요 도시에 취항할 기회를 놓쳤다. 아시아나항공이 급성장한 것도 이 시기다.

미국도 신규 취항을 불허했는데 미 국방부(펜타곤)는 직원들에게 대한항공 비행기 탑승을 금지하기까지 했다. 캐나다와 독일도 특별 안전점검을 요청하는 등 대한항공의 국제 신인도는 바닥에 떨어졌다. 보험사들의 기피 대상이 됐고 보험갱신요율도 급등했다. 급기야 항공동맹 '스타얼라이언스'로부터 안전기준 미달을 이유로 가입을 거절당하는 수모까지 겪어야 했다. 조양호는 입술을 깨물었다.

FSF 안전진단과 '델타컨설팅'

조양호는 객관적 평가와 근본적 대책을 마련하기로 했다. 항공법에 규정돼 있지 않은 항목들을 상식선에서 이해하는 문화가 만연해 문제점을 정확하게 파악하기 어려웠다. 조양호는 세계 최대 항공안전 비영리단체인 항공안전재단(FSF, Flight Safety Foundation)에 정밀진단을 맡겼다. 1998년 4월 한 달 동안 운항, 정비, 객실, 여객·화물운송, 보안에 이르는 전 부문에 걸쳐 안전진단을 한 FSF는 "운항 기준과 제도를 국제표준으로 정비하고 선진 운영체제를 구축할 것"을 제안했다.

괌사고로 '스타얼라이언스' 가입이 무산되면서 조양호는 새로운 항공동맹체를 결성하기로 결심하고 델타항공, 에어프랑스, 아에로멕시코와 함께 '스카이팀' 창설을 주도했는데 그 과정에서 안전문제가 발목을 잡았다. 친구인 줄 알았던 항공사들마저 안전성을 문제삼아 스카이팀에서 대한항공을 배제하려고 했다. 한번 각인된 '사고항공사' 이미지는 쉽게 지워지지 않았다. 따지고 보면 그들도 경쟁사였다.

조양호는 정면돌파를 택했다. 대한항공을 스카이팀에서 배제하려는 항공사들에게 "얼라이언스는 친구가 되는 것이며 어려울 때 돕는 게 진짜 친구"라며 "서로 부족한 점을 채워주는 것이 동맹의 진정한 가치"라고 설득했다.

델타항공의 반대가 극심했는데 조양호는 델타항공 역시 1990년대 초까지 잦은 사고로 미국인들의 비난과 기피 대상이었지만 미연방항공규정(FAR)에 따른 안전 강화 프로그램을 추진해 세계 최고 수준의 안전항공사로 거듭난 것에 주목했다. 조양호는 "델타도 불과 10년 전 항공기 문짝이 떨어져 나가는 사고로 비난과 조롱을 받았지만 지금은 세계 최고의 안전한 항공사로 거듭나지 않았느냐"며 "안전성 위기를 어떻게 극복할 수 있었는지 우리에게 알려 달라"고 요청했다. 델타는 조양호의 논리에 압도돼 스카이팀 가입 반대 의사를 철회했을 뿐 아니라 조양호의 요청에 따라 적극적으로 안전컨설팅(Delta Consulting)을 해주기로 했다.

'델타컨설팅'은 운항·객실·정비·운송·보안 등 안전 관련 부서를 대상으로 동시에 진행됐다. 모든 조종사를 심사하고 FSF의 진단 결과를 보완해 분야별 개선 계획을 세워 실행했다. 조양호는 의식 개혁, 교육 혁신, 안전시설 투자에 이르기까지 안전 혁신을 이루고자 했다. 19개월 동안 200억 원을 투자한 델타컨설팅을 통해 델타항공에 적용된 정책과 절차를 수용하고 제도와 절차를 국제표준인 FAA 기준에 맞췄다.

항공오케스트라 지휘자 'KAL OCC'

1999년 FSF와 델타는 대한항공에 "운항통제센터(OCC)를 구축해야 한다"고 권고했다. 조양호는 새 운항통제시스템 도입을 위해 델타항공, 유나이티드항공, US항공 시스템을 확인하고 비교했다. 절차와 기준보다 경험에 의존해 운항 결정을 내리는 관행은 조종사들이 무리한 상황에서 안전을 위한 과감한 판단을 주저하게 해 사고 가능성을 높였다. 조양호는 운항 전 과정에 대해 기장과 운항관리사에게 공동 책임을 부여하고 경험이 아니라 정보에 의한 의사결정을 내리도록 했다.

조양호는 델타항공과 FAA 기준으로 객실안전 매뉴얼을 재구성하고 안전훈련 과정을 신입·정기·복직 과정으로 전문화했다. 델타항공에 위탁해 안전전문강사를 양성하고 컴퓨터기반교육(CBT)을 위해 CBT에 필요한 컴퓨터 12대 등을 도입하고, 비상탈출 훈련용 모형기, 항공기 출입문 개폐 실습 장비도 확충했다.

1999년 2월 FOQA(Flight Operations Quality Assurance) 분석을 전 기종으로 확대하고 조종사의 개인 참고용으로 활용하던 자료를 회사 차원 교육에 활용했다. 3월에는 안전보안실 기종담당자(Fleet Manager)를 임명해 기종별로 관리하고 안전전문기관에 교육을 위탁했다. 6월에는 최신 안전 동향과 정보를 담은 〈Sky Safety 21〉도 발행했다.

대한항공의 전산화, 디지털화를 주도했던 조양호는 안전 부문에도 IT시스템을 구축하는 데 공을 들였다. 글로벌 안전 기준에 맞는 항공사로 자리매김하기 위해 자체적인 안전 프로그램을 개발하고 강화된 안전관리 IT시스템을 도입했다.

1999년 9월 US항공이 쓰던 미국 젭슨(Jeppesen)의 첨단 비행계획 시스템과 기상정보·비행감시 시스템을 도입할 때도 조양호의 얼리어답터다운 혜안이 적중했다. 델타항공, 유나이티드항공, 아메리칸항공 같은 대형 항공사들이 쓰는 소프트웨어는 슈퍼컴퓨터용이어서 실시간 업데이트가 어려운데다 큰 장비를 들여오면 유지비가 커지고 인원도 많이 필요했다. 조양호는 중형 항공사인 US항공이 사용하는 젭슨 제품을 선택했다. PC 기반인데다 온라인으로 업데이트를 해주어 투자 대비 효율이 높았다.

조양호는 소프트웨어를 도입할 때 '소스코드(source code)'를 달라고 요구하는 게 원칙이었다. 자체적으로 시스템을 개발해 기존 프로그램을 대한항공에 적용하기(customizing) 위해서였다. 판매사들은 소스코드를 좀처럼 주려 하지 않았지만 꼭 팔아야 하면 넘겨줄 수밖에 없었다. 하지만 조양호는 젭슨에 소스코드를 요구하는 대신 유지보수를 맡겼다. 안전과 직결되는 시스템이었기 때문이다. 소스코드를 가지고 통제센터 시스템을 자체 업데이트, 업그레이드 하면 위기 발생시 리얼타임으로 대처할 수 없다고 판단했다. 안전에서는 소스코드를 받는 원칙을 깬 것이다. 조양호에게 안전보다 우선하는 원칙은 없었다.

젭슨 프로그램은 2000년 7월 현업에 적용됐는데 그래픽화면을 통해 비행 계획, 비행 감시, 기상데이터 분석을 활용하면서 통제센터의 업무처리 능력이 대폭 강화됐다. 10월 사고조사 전문조직 'Go Team'도 신설했다.

델타의 운항안전 전문가가 대한항공의 조종실을 점검할 때 기장이 햇빛이 눈부시다며 전문가가 앉은 쪽 창문을 신문지로 가리자 오히려 "조종사는 어떤 경우라도 시야를 확보해야 한다"고 지적했다. 컴퓨터를 맹신하고 자동항법장치에만 의존하는 것도 지적하고 "기장과 부기장이 체크리스트를 복명복창 하면서 만전을 기해야 한다"고 조언했다. 영어 커뮤니케이션에도 문제가 많다고 지적했다.

조양호는 세 가지 문제점을 지적한 델타의 전문가를 2000년 1월 운항·정비·통제·객실 총괄 부사장으로 영입했는데 그가 바로 해리 데이비드 그린버그(Harry David Greenberg)다. '대한항공 최초의 외국인 임원'으로 기록된 그린버그는 델타항공 운항본부장 출신으로 운항정보시스템인 '델타프로그램'을 개발해 안전성을 높인 주역으로 대한항공으로 옮기기 전 항공컨설팅업체 컴패스그룹을 이끌었다. 이러한 노력을 토대로 안전혁신의 고삐를 늦추지 않았다.

조양호는 2000년 8월 본사에 흩어진 팀을 한데 모아 종합통제센터(OCC)를 구축했다. 각 부문이 떨어져 있으면 위급 시 연락을 주고받다 시간만 보내기 일쑤지만 한데 모여 있으면 신속하게 의사결정을 내릴 수 있다. 조양호는 "항공업무가 오케스트라라면 OCC는 지휘자"라고 명명했다. 2002년에는 안전품질평가팀을 신설해 전략계획, 지상안전, 비행안전, 안전품질평가, 항공보안 5개 팀으로 확대해 안전운항 체제

트레이닝센터 시찰

를 확립할 조직적 기반을 구축했다. 조양호는 2004년 OCC를 지금의 시스템으로 갖추었다. 대한항공 OCC의 강점은 각종 상황에 가장 신속하게 대응할 수 있다는 것이다. 운항관리사, 기상전문가, 승무원스케줄러, 정비사 등 안전운항 관련 모든 분야의 직원들이 하루 3교대, 1년 365일 한 곳에 모여 끊임없이 협업하기에 가능한 일이다. '지상조종사'로 불리는 운항관리사는 항공기가 계획된 항로로 가는지 살피며 이·착륙 확인, 비행계획서 작성 등을 하고 돌풍이나 제트기류 등이 발생하면 재빨리 다른 항로를 찾아가도록 유도한다. 정비사는 정비 상태를 실시간으로 확인해 기령과 상태에 맞게 정비한다. 2016년 OCC 옆에 정비본부를 합류시켜 항공기 운항의 핵심인 정비문제에 신속하게 대처할 수 있게 했다.

하루 450편에 달하는 비행편을 책임지는 컨트롤타워로 안전 운항에 만전을 기하고 있다. 80인치 대형 스크린에 운항 중인 모든 항공기의 레이더 항적을 1분 간격으로 표시하는 비행감시화면(ASD)을 띄워놓았다. 비행기마다 편명과 고도가 숫자로 표시되는데 수십 개의 비행기 항로가 노란색 점선으로, 구름 위치, 제트기류, 한랭전선 등 기상정보는 기호로 빼곡하게 나타난다. 운항정보는 실시간으로 업데이트되고 스크린 양 옆 4개 모니터로 전 세계 속보가 방송된다.

이 시스템을 통해 이륙 준비부터 비행, 착륙까지의 모든 과정을 모니터링하고 날씨, 공항상황 등 각종 정보를 항공기에 제공한다. 출발 48시간 전부터 기상예보와 도착공항 상황을 파악해 최적의 항로를 찾아 조종사에게 비행계획을 전달한다. 개별 모니터로 항로와 고도,

특정 지역 통과시간, 연료량 등을 체크해 정상 운항하고 있는지 살핀다. 비행계획과 차이가 나면 빨간색으로 표시가 뜨고 경보가 울린다. 긴급 환자가 발생했을 때도 마찬가지다.

OCC에 문제가 발생할 경우까지 대비했다. 1년에 2회 사장이 참여하는 훈련을 통해 사고에 대비하도록 했다. 한번은 폭우로 전기시설이 침수돼 정전이 됐는데 자가발전설비가 있지만 전기가 아웃될 수 있어 서울 등촌동 비상대피시설로 이동했다. 평소 훈련이 도움이 됐다. OCC를 구축한 뒤 인명사고가 한 건도 발생하지 않았다. 지금은 동남아, 중국 항공사들은 물론 유럽 항공사들도 대한항공 OCC를 견학한다. 운항통제 인력의 역량을 키우기 위해 1998년 10월부터 54명을 미국 쉐필드(Sheffield)비행학교 FAA운항관리사과정(Aircraft Dispatcher Course)에 보냈고 전원 FAA운항관리사 면허를 취득했다.

1999년 4월 회장이 된 조양호는 '인명 중시의 과학적 경영'을 경영목표로 내걸었다. 전사적인 안전체제를 구축하기 위해 델타컨설팅의 안전대책을 강화한 종합안전대책을 수립하고, 심이택 사장을 중심으로 '임원안전회의(Executive Action Council)'를 설치해 부문별 추진상황을 점검했다. 안전이 회사의 미래와 직결됨을 임직원 모두 공감하도록 1999년 5월 20일 안전운항결의대회를 개최하고 안전결의문에 임직원 1만2,000여 명이 서명했다.

조양호의 트레이드마크인 '원칙과 기준의 시스템경영'이 가장 잘 구현된 곳이 안전분야다. "적당주의에서 사고가 발생한다"는 말을 입에 달고 다녔다. 1990년대까지만 해도 국내선 운항관리는 주먹구구식이었다. 김해공항은 해무 때문에 안개가 자주 끼는데 김포공항 운항담당이 김해공항 운항담당에게 연락해 "날씨 어때?" 하면 육안으로 보고 "괜찮은 것 같은데 그냥 띄워!" 하는 식이었다. 김해공항 상공에서 조종사가 시정 확보가 안 되면 몇 차례 선회하다가 그래도 안개가 걷히지 않으면 김포로 회항해야 했다. 김해까지 간 조종사가 회항을 결정하는 것은 부담이 따르게 마련이다. "떴으면 내려야지, 그것도 못 내려?" 하는 비난을 받으며 조종사가 조종술을 불신당하는 것은 견디기 힘든 일이다. 그렇다고 무리하게 이착륙을 시도하는 것은 위험천만한 모험이다. 조양호에게 정시성보다 안전이 우선이었다.

'통계 데이터에 근거해 명확한 기준을 따랐다면 시행착오를 줄일 수 있었을 것'이라고 생각한 조양호는 "글로벌스탠더드에 준하는 안전관리시스템을 만들라"고 지시했다. 공항 지점간 주먹구구로 소통하는 게 아니라 OCC에서 과학적으로 판단하도록 했다. 기상청 자료를 분석하고 시정을 수치화해 '기준'을 만들었다. 그러자 공항마다 불만이 속출했다. 결항, 연착, 출발 지연에 따른 승객들의 불만에 몸살을

안전지 〈Sky Safety21〉

초창기 종합통제센터

앓아야 했다. "다른 항공사들은 같은 공항 같은 시각에 이착륙 하는데 왜 대한항공만 안 되는 거냐?", "조종사들 실력이 중국 항공사들만도 못하냐?"는 비난이 쏟아졌다.

조양호는 "불편을 감수하지 않으면 불행해질 수 있는 것이 항공서비스"라며 "오해를 받더라도 감수하라"고 했다. 조양호에게 안전은 무엇과도 바꿀 수 없는 절대 가치였다. "안전에 협상은 없다"며 "절대로 물러서지 말라"고 했다. 제주 폭설 때 비행기가 뜨지 않자 참지 못한 승객들이 몰려와 지점장에게 항의할 때도 조양호는 영업손실로 이어진다 해도 '절대 안전' 원칙을 포기하지 않았는데, 이는 창업주 조중훈의 '지고 이기는' 경영철학과도 맞닿아 있다.

2000년 스카이팀 결성으로 대한항공은 항공서비스 품질을 업그레이드했을 뿐 아니라 안전 품질도 크게 개선했다. 선진 항공사들과 교류를 통해 직원들의 역량을 끌어올렸는데 대한항공은 스카이팀의 당당한 일원으로 자부심을 갖게 됐다. 조양호는 그린버그에게 안전 전반을 맡기고 전폭적으로 지원했다. 그린버그는 2억 달러를 들여 항공기를 현대화하고 체계적인 안전 프로그램을 마련했다. 민간인 비행사를 채용하고 승무원들의 영어회화 실력을 끌어올리는 교육프로그램을 완성한 것도 그였다.

2001년 한국은 FAA로부터 '항공안전위험국'이란 예비판정을 받았다. 항공안전은 1차적으로 항공사의 책임이지만 국제민간항공기구(ICAO)와 FAA는 한 나라의 항공안전을 평가하는 잣대로 항공사를 관할하는 정부 부처의 조직과 법령 등에 대해 엄격한 기준을 정하고 있었다. 대형사고로 이어지는 항공안전에 대해서는 정부도 똑같은 책임과 의무가 있음을 강조한 것이다.

조양호도 정부와 항공사 모두 항공안전의 첨병이라고 여겼다. 그린버그가 "항공안전에서 정부와 항공사는 동반자여야 한다"며 "예비판정이 한국의 '항공안전'을 한 단계 높이는 계기가 될 것"이라 밝힌 것도 그 연장선이다. 본조사를 앞두고 전직 FAA 전문가들로 구성된 항공안전 전문 컨설팅업체인 ISI의 전문가들을 초청해 건설교통부를 자

문하면서 ICAO 기준을 충족하고 항공안전 전문가를 양성해 10위권 '항공대국'에 걸맞게 할 것을 주문했다. 조양호는 "안전을 위한 노력은 지속해야 한다. 안전에는 끝이 없다"고 강조했다.

기술 발전에 따라 첨단 비행기들이 나오고 있어 조종훈련에도 변화가 필요했다. 그린버그는 시뮬레이터를 도입하고 조종사 훈련과 평가를 유수의 외국 훈련기관에 위탁했다. FAA 수준으로 운항규정도 강화해 실제처럼 훈련했다. 여러 국가에서 온 조종사들을 하나로 묶는 데도 노력했다. 안전 업무에 대한 독립성과 전문성을 키워야 한다고 판단한 조양호는 그린버그를 필두로 외국인 안전전문가를 계속 영입했는데 글로벌 항공업계의 안전 동향을 빠르게 파악해 안전보안 정책에 지속적으로 적용하려는 목적도 있었다. 미국 US항공에서 안전담당임원을 지낸 조지 스나이더(George H. Snyder, Jr.)를 상무로 영입한 것도 그래서였다. 미국항공사협회 안전위원회의장을 지낸 스나이더는 미국 교통안전위원회와 연방항공국 등 항공안전단체들과 교류했다.

이후 조양호는 데이비드 헌찡어(David Huntzinger), 피터 존 블레이크(Peter J. Blake) 등을 영입해 안전보안실을 맡겼고, 이어 미셸 고드로(Michel Gaudreau)가 2013년부터 7년간 대한항공의 안전보안을 책임졌다. 또한 국제항공운송협회(IATA) 안전책임자였던 로페즈 메이어 질베르토(Lopez Meyer Gilberto)가 안전업무를 이어 받아 총괄했다.

정비사 출신 운항본부장

조종사 평가를 외부에 맡기니 그간 정실인사 관행이 있었음이 드러났다. 조양호는 이참에 시스템을 완전히 바꾸겠다 작정했다. 조양호는 보잉에 기상 체크, 승무원 훈련, 시뮬레이션, 모의비행훈련 전반을 맡겼다. 보잉 안전전문가들이 대한항공을 타보고 무엇이 문제인지 정밀하게 들여다보게 했다. 조종사들이 후배 조종사들을 훈련하고 심사하던 방식에서 벗어나 글로벌스탠더드에 맞춘 것이다. 공군 출신이 대부분이었는데 선후배 사이라고 봐줄 수 없게 됐다.

괌사고에서도 군 출신 조종사들간 역학관계가 작용했다는 지적이 있었다. 정비사 출신인 이광사를 운항본부장으로 보낸 것만으로도 조양호가 안전을 위해 관행을 깨려는 의지가 얼마나 강했는지 알 수 있다. 조종사, 특히 공군 출신이 운항본부장을 맡는 것이 관례여서 반발이 적지 않았다. 조양호는 이광사에게 "글로벌스탠더드에 맞춰 내부 시스템의 문제점을 파악하고 개선하라"고 지시했다.

공군은 대한항공이 원하는 조종사가 아니라 인원만 채워 일방적으로 보냈다. 대한항공이 스크리닝하겠다고 해도 공군에서 협조가 되지 않았다. "전역했는데 불합격하면 어떻게 먹고사느냐?"며 공군 선배인 운항본부장이 인정에 이끌려 합격시키는 식이었다. 운항본부장이 전결하던 채용을 인사부로 이관했지만 인사부도 인력수급이 우선인지라 제 기능을 하지 못하고 있었다. 조양호는 이런 문화가 합리적인 판단을 막고 급기야 사고로 이어질 수 있다고 진단했다.

개혁이 시작됐다. 조양호는 "운항본부장이 인사부로부터 전결권을 가져와 책임인사를 하라"고 지시했다. 사관학교 기수, 근무지 인연 등을 배제하고 조종능력에서 인성까지 자질을 정밀 심사해 조종사를 선발하게 됐다.

델타컨설팅에 따라 구체적이고 체계적인 혁신을 추진했다. 1998년 4월부터 국제민간항공기구부속서(ICAO ANNEX)에서 정한 국제표준 및 선진 항공국 운영 기준을 도입해 운항 부문의 불합리하고 비효율적인 제도와 절차, 인력 운영 제도 등을 개선했다.

1998년 9월에는 운항조직 개편을 단행했다. 2BU(Business Unit) 10팀에서 5BU 15팀으로 확대 재편해 전문성을 추구했다. 국제표준의 운항기준 운영과 기술지원을 위해 운항표준BU와 기술지원BU를 신설하고 BU장부터 실무자까지 권한과 책임을 명확히 했다.

조종사 교육과 훈련 체계도 개선했다. 1999년 6월 세계 최고 조종사 훈련기관인 미국 FSB(국제항공안전보잉훈련국)에 조종사 훈련과 평가를 위탁했다. 대한항공과 델타항공이 공동 제작한 프로그램에 따라 FSB가 조종사 시뮬레이터 훈련과 심사를 담당했다. FSB 교관과 검열관이 운항훈련원에 상주하며 조종인력과 자체 검열관을 양성했다.

운항승무원 채용과 양성을 출신에 관계없이 일원화하고 기장 승격 기준을 비행 3,500시간에서 4,000시간으로, 부기장 임명 후 5년, 착륙횟수 350회 이상, 기장시험 합격자로 요건을 강화했다. '기장은 소형기와 대형기를 두루 경험한 후 승격한다'는 원칙을 만들었다. 기장 승

1999년 "노사화합을 통한 안전운항" 결의대회

1999년 대한항공-FSB 조종사 훈련 위탁 계약

진 연한을 늘리자 부기장 기간이 길어진 조종사들의 반발이 극심했지만 조양호는 안전을 위해 한 발짝도 물러서지 않았다.

1999년 10월에는 편조 형태에 따른 승무시간, 비행근무 제한 시간을 규정하고 국제 기준의 피로 관리가 이루어지도록 비행시간에 비례하는 최소 휴식시간을 신설했다. 운항규정을 전면 개편하고 FOM(비행운영교범), POM(조종사운영매뉴얼), PQS(조종사자격기준), FTPM(비행훈련정책매뉴얼), LCPM(검열운항승무원 지침서), FIG(비행강사지침서) 6개 매뉴얼을 신설해 운항절차와 기준 표준화는 물론, 합리적 검열로 우수 조종사를 확보할 수 있었고 정보의 공유와 접근이 용이해졌다. 비상상황에서 대처할 조종실자원관리(CRM)와 LOFT(라인지향비행훈련) 교육과정도 강화했다.

공군 출신만으로 조종사 확충이 어렵다고 내다본 조양호는 일반 대학 졸업자를 대상으로 조종사 양성 프로그램을 운영하다 2003년부터 한국항공대 비행훈련원에 이관했다. 항공대 APP(Airline Pilot Program)를 통해 연간 60여 명의 조종사를 배출하는데 미국 명문 비행학교 FSA의 실무교육도 받을 수 있다. APP를 수료하면 1,000시간 비행을 채울 수 있어 항공사 지원이 가능하다.

低비용항공의 高안전운항

조양호는 진에어에도 대한항공과 똑같은 안전기준을 적용했다. 당연한 얘기 같지만 국내 저비용항공사들과 비교해 보면 이상적인 수준이었다. 조종사 지원 가능 비행시간을 대한항공과 똑같이 1,000시간 이상으로 한 저비용항공사는 진에어뿐이었다. 대부분 200시간 이상이면 충분했고 까다롭다고 해도 250시간 이상이면 가능했다.

일반 항공사 조종사보다 급여 수준이 낮은데 지원 요건은 일반 항공사 수준에 맞추다 보니 진에어에 지원할 수 있는 조종사는 그만큼 줄어들어 인사팀의 애로가 컸지만 조양호는 '1,000시간' 기준을 끝까지 고수했다. 심지어 대한항공이 대학의 위탁을 받아 양성한 조종사들마저 진에어의 지원 요건을 충족하지 못해 경쟁사에 뺏기고 있었다. 김재건 당시 진에어 대표가 "조종사 구하기가 너무 힘들다"고 읍소해도 조양호는 "저비용항공사라고 저안전항공사로 만들 거냐?"며 일축했다. 안전에 대해서는 어떤 타협도 없다는 원칙을 지킨 것이다.

'안전항공사'로 거듭나다

조양호는 괌사고 이후 안전운항을 위해 20년 동안 1조 원 이상을 투자했다. 2008년엔 안전관리시스템(SMS)을 구축하고 2009년엔 안전정보를 통합 관리하는 '세이프넷'을 개발해 도입했다. 대한항공이 '안전항공사'의 대명사로 자리매김한 것은 안전시스템 구축을 위한 회사 차원의 투자와 시스템 구축이 외국인 임원의 전문적인 경험 노하우와 맞물려 시너지를 냈기 때문이다. 2001년 11월 미 국방부는 대한항공을 '안전 적격 항공사'로 지정하고 직원 출장 때 대한항공을 이용하지 않도록 권고하던 조치를 해제했다. FAA가 한국을 항공안전 '2등급' 국가로 판정한 상황에서 인정한 것이어서 의미가 컸다.

대한항공은 민간항공수송평가위원회에 안전운항 개선 프로그램을 제시했고, 미 국방부 실태조사팀이 대한항공을 방문해 조종사 근무

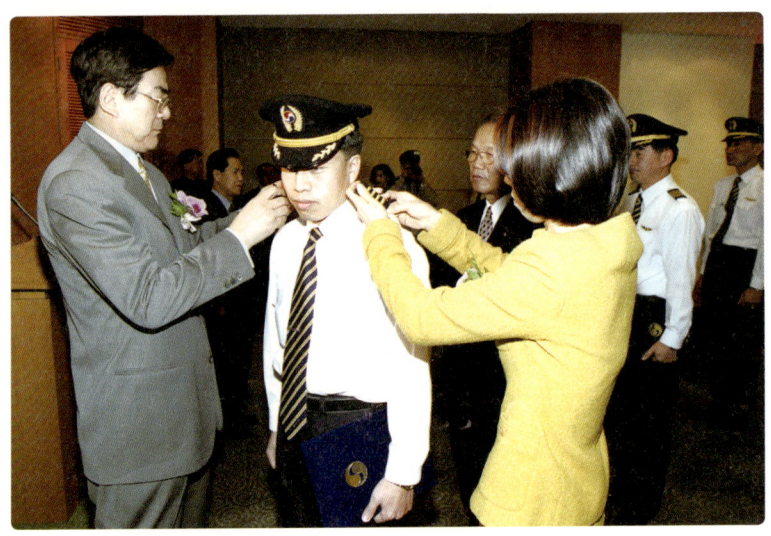

규정 등 조종사 관리 실태와 훈련 및 평가에 대한 해외위탁, 조종실 문화 등을 확인했다. 첨단 안전장비 장착 실태와 비행자료분석 시스템, 안전경보시스템 등을 정밀 점검하고 완벽하게 개선된 것을 확인했다. 2000년 3월 캐나다 교통부도 대한항공을 방문해 안전점검을 하고 '이상 없음'을 확인했다.

대한항공은 국제사회의 신뢰를 빠르게 회복했다. 절대 안전운항이 항공사 경영의 기본 명제이며 사회적 책무임을 통감하고 안전을 최우선으로 하는 기업문화를 정착시켜 온 결실이었다. 델타항공과 에어프랑스도 2002년 4월부터 코드쉐어(공동운항편)를 복원했다. 코드쉐어 복원으로 대한항공의 이미지가 향상된 것이 아니다. 대한항공이 높은 수준의 안전성을 확보했기 때문에 코드쉐어가 복원된 것이었다. 대한항공은 2005년 국내 항공사 최초로 국제항공운송협회(IATA)의 IOSA(IATA Operation Safety Audit) 인증 항공사가 됐다. 〈뉴욕타임스〉(NYT)와 〈파이낸셜타임스〉(FT) 등 해외언론들도 "대한항공이 꾸준한 노력으로 명성을 회복하고 있다"고 보도했다.

조양호는 '한 번 더 사고 나면 죽는다'는 각오로 안전운항에 사활을 걸었다. 조양호의 '안전혁신'으로 대한항공은 1999년 8509편 화물기 추락사고를 마지막으로 2000년 이후 인명사고가 발생하지 않았다. '무결점' 지향으로 현재 보험료가 가장 낮은 항공사가 됐다. 괌사고는 대한항공 반세기 역사에서 가장 아픈 사건이자 회사의 안전관리를 획기적으로 바꾸는 터닝포인트가 됐다. 조양호는 그 후로 안전의식이 흔들릴 때마다 괌사고를 떠올리며 마음을 다잡았다.

chapter 9

체육인을
사랑한
체육인

"스포츠는 우리를 하나로 만드는 무한한 힘을 가졌다.
스포츠는 우리의 삶에 희망을 주고 평화를 정착시킨다."

- 조양호 -

2012년 런던올림픽에서 탁구 남자단체전 은메달 획득

점보스 고공행진의 비결
"우연한 승리는 있어도 우연한 패배는 없다"

 2011년 KEPCO45(한국전력 프로배구팀)와 치르는 마지막 홈경기가 열리는 점보스의 홈구장 인천도원시립체육관에 배구단 유니폼을 입은 조양호가 나타났다. 모기업 회장이 체육관에 온 것도 창단 후 처음이었고, 그룹 회장이 배구장을 찾은 것도 V리그 사상 처음이었다.

 조양호가 같은 시각 열린 전국경제인연합회 회장단회의도 뒤로 하고 경기장을 찾은 것은 2005년 프로배구 출범 후 중하위권에서 맴돌던 점보스의 우승과 시즌 1위 등극이 확정됐기 때문이다. 6년간 계속됐던 삼성화재, 현대캐피탈 양강 체제를 허문 것이다.

 점보스가 3대1로 승리하자 정규리그 1위를 자축하는 대형 현수막이 걸렸고 축포가 터졌다. 조양호는 우승기념 티셔츠를 입고 코트로 내려가 선수들과 일일이 악수하고 꽃목걸이를 걸어주었다.

 조양호의 배구사랑은 유별났다. 선수들이 부담을 느낄까 봐 경기장에는 자주 나오지 않지만 TV로 점보스의 경기를 꼬박꼬박 챙겨 봤고, 선수단을 격려할 때는 한 명 한 명 이름을 불러주며 몸 상태를 묻고 칭찬했다.

 1969년 창단한 해군배구단을 대한항공이 인수해 재창단한 남자배구단은 2005년 배구 대중화를 위해 창설된 프로배구 원년을 맞아 '점보스'라는 새 팀명으로 출범했다.

 조양호는 배구단을 키우기 위해 2005년 3월 탁구단을 맡고 있던 이유성을 스포츠단장으로 발령냈다. 점보스가 하위권을 전전할 때였는데, 선수단 환경이 너무 안 좋았다. 점보스는 인천 용현동에 있는 인하대체육관에서 더부살이를 하고 있었다. 게다가 서울 내발산동 사원 아파트 테니스코트 뒤에 숙소가 있어 서울과 인천을 오가며 훈련을 하다 보니 교통체증으로 훈련시간보다 이동시간이 많을 지경이었다. 선수들이 제대로 훈련하고 생활할 시설을 만들어주는 게 급선무였다.

2007년 한국배구연맹(KOVO)컵 마산대회 때 1995년 종별선수권대회 우승 이후 12년 만에 전국대회 정상에 오르자 조양호는 "선수들이 마음 놓고 훈련할 전용체육관을 지으라"고 지시했다. 배구단전용체육관은 경기도 용인 신갈연수원 내 1,056m^2 터에 2008년 5월 완공했다. 이유성은 태릉선수촌에 새로 지은 숙소를 답사해 그대로 짓도록 했다.

체육관 옆에 선수단 숙소와 체력단련장도 마련했다. 경부고속도로 신갈 분기점에 가까이 있어 선수단이 원정경기 이동도 편리했다. 훈련장 벽에는 『우연한 승리는 있어도 우연한 패배는 없다』고 적힌 현수막이 걸려 있다. 이후 조양호는 점보스를 전폭 지원해 주었고, 점보스는 삼성화재와 현대캐피탈의 양강 틀을 깨고 우승했다. 이후 대한항공은 프로배구 V리그 정규리그에서 다섯 차례나 우승했고 챔피언전에서도 세 번이나 정상에 올랐다.

선수들 은퇴 후까지 내다봤다
"우리도 점보스에 가고 싶다"

2018년 점보스는 챔피언결정전 4차전에서 챔피언이 됐다. 2005년 프로배구 출범 이후 챔피언 결정전에 네 차례 올랐지만 모두 준우승에 그쳤었다. 대한항공 점보스가 사상 최초로 챔피언에 등극한 데는 구단, 코칭스태프, 선수에 이르기까지 최정상을 향해 뛸 수 있도록 전폭적으로 지원한 조양호의 역할이 컸다.

2017년 봄시즌에서 우승한 박기원 감독에게 조양호가 말했다. "내년에는 챔프전 우승해서 하와이 다녀와야지!" 1년 전 "챔피언결정전에서 우승하면 배구단 전원에게 가족동반(4인) 하와이여행을 보내주겠다"고 한 약속을 기억하고 있었던 것이다. 2018년 최종 우승한 점보스 단원 30여 명 가족 120여 명을 하와이로 보내주었다. 박기원 감독은 "덕분에 집에서 한동안 어깨에 힘 좀 주고 다녔다"고 회고했다. 단원 대부분이 처부모를 모시고 갔다 왔다는 얘기를 들은 조양호는 한 차례 더 하와이여행을 다녀오도록 파격적인 배려도 했다.

점보스 선수들은 은퇴 후에도 원하면 대한항공 직원으로 근무할 수 있게 했다. 프로선수는 계약이 끝나면 갈 곳이 없다. 회사에서 다른 실업팀을 알선하거나 다른 분야로 취업할 길을 적극적으로 열어주었다. 점보스 선수들은 자발적으로 팀에 헌신했는데 에이스들은 큰돈으로 유혹해도 다른 팀으로 가지 않았다. 오히려 점보스는 다른 프로팀에서 계약이 만료된 선수들이 가장 이적하고 싶은 팀이 됐다.

2011년 대한항공 점보스 정규리그 우승

조양호 세트업+조원태 스파이크, 대 이은 배구사랑
"팀보다 훌륭한 선수, 국가보다 위대한 리그는 없다"

스포츠해설가 최천식 인하대 배구팀 감독은 선수 때부터 조양호와 각별한 인연이 있었다. 인하부중 1학년 때 배구를 시작해 인하사대부고, 인하대를 졸업하고 1987년 재창단 2년째인 대한항공 배구단에 들어온 최천식은 조양호의 유별난 배구사랑을 기억하고 있다. 조양호는 이따금 배구단을 초청해 식사도 함께 하고 격려금도 주었는데 1989년 어느 날 최천식에게 "초등학생인 아들이 배구에 관심이 많으니 함께 시간을 보내며 배구 이야기를 해줄 수 있겠느냐?"고 요청했다. 그 인연으로 조원태 회장은 배구에 관심을 갖게 됐다.

조양호는 평창올림픽 유치위원장과 조직위원장을 맡고 나서 스포츠 공부를 더 일찍 했다면 좋았을 거라는 아쉬움이 컸다. 장남 조원태(당시 대한항공 사장)에게 점보스 구단주를 넘어 한국배구연맹(KOVO) 총재를 맡아 보라고 권유한 것도 그래서였다. 2017년 4월 프로배구 13개 구단 단장은 KOVO총회에서 만장일치로 조원태 사장을 총재로 추대했다. 40대 젊은 기업인이 6대 KOVO 총재에 취임한 후 한국프로배구는 양적, 질적으로 급성장했다. 시청률과 관중이 모두 증가하고 특히 여자부가 성장했다. 프로스포츠 후발주자인 배구가 급성장한 데는 조원태 회장의 공이 컸다. V리그 인기 향상과 발전에 크게 기여했다.

조원태 회장은 대한항공 경영 노하우와 시스템을 KOVO에 적용했는데, ERP(전사적자원관리)를 도입해 대기업 재무회계 프로세스를 정착시켜 효율적이고 투명한 예산 운용과 관리가 가능케 한 것은 스포츠계 모범사례로 꼽힌다. 그룹웨어를 도입해 연맹 내 각 부서와 업무를 협의하고 구단들과의 소통도 활성화했다.

팀 간 전력 평준화를 위해 트라이아웃, FA등급제(ABC그룹제) 등을 도입해 리그를 활성화했는데, V리그에도 국제 기준과 동일하게 포지션 명칭을 변경하고 선수 정원 증대, 팀태블릿 사용, 비디오판독 기준 확대 등 새로운 경기제도를 도입했다. 유소년배구클럽도 확대했다.

"팀보다 훌륭한 선수가 없고, 국가보다 위대한 리그는 없다. 국가대표팀 선전이 리그와 구단을 발전시키는 원동력이다."

조원태 총재의 혁신으로 한국 프로배구는 동계 최고의 프로스포츠로 정착했다. 2020년 KOVO는 조원태 총재의 연임 안을 만장일치로 통과시켰는데, 조원태 총재를 팬들과 배구계가 바라는 많은 희망사항을 현실화할 적임자로 평가한 것이다.

"신생팀 창단과 리그 선진화에 주력해 프로배구가 국민에게 더욱 사랑받도록 노력하겠다."

프로배구도 수지 불균형이 커 모기업의 지원에 기댈 수밖에 없는 구조다. 조원태 총재는 연맹과 구단의 수익창출 증대를 위해 구단별 티케팅, 상품화 등을 통합하는 등 프로배구가 매력적이고 재밌는 프로스포츠로 거듭나 미국 MLB, 영국 EPL처럼 규모의 경제를 실현하는 데 도전하고 있다. 조양호가 쏘아올린 열정이 조원태에서 결실을 맺은 것이다. 조원태 회장은 2023년 전 구단 만장일치로 3연임 총재가 됐다. 3연임은 kovo 사상 처음이다.

분열된 탁구계 이끌 새로운 리더
"다투지 않는다 약속하면 맡겠다"

2008년 봄, 대한탁구협회는 극심한 몸살을 앓고 있었다. 오랜 기간 형성된 파벌로 사분오열돼 있었고, 선수들은 2004년 협회장직 공석이 9개월 동안이나 이어진 후 추대된 회장의 전횡을 더는 두고 볼 수 없어 촛불시위까지 하며 퇴진운동을 전개하고 있었다. 그러면서 탁구계를 이끌어줄 새로운 리더를 간절하게 기다리고 있었다. 분쟁 끝에 회장파와 반대파가 합의에 이르렀고 전임 회장이 사임하며 해결의 실마리가 보였다.

탁구인들은 대한항공 스포츠단장 이유성을 찾아가 조양호를 신임 회장으로 추대하도록 도와달라고 요청했다. 그들은 평소 대한항공 탁구팀으로부터 조양호가 합리적이고 체계적으로 스포츠경영을 한다는 얘기를 듣고 있었다.

1991년 지바세계탁구선수권대회 때 남북단일팀 여자대표팀 코치로 단체전 금메달 획득으로 이름을 떨친 이유성은 탁구계 싸움을 지켜보면서 마음이 아팠던 터라 조양호에게 탁구인들의 소망을 전달했다. 현정화, 유남규 등 국가대표 출신 지도자들도 조양호를 찾아가 회장을 맡아달라고 간청했다. 조양호는 신중했다. 1973년 창단한 여자부 최강 실업팀을 모범적으로 이끌어 2000시드니올림픽부터 2004아테네올림픽, 2008베이징올림픽까지 3년 연속 메달을 획득하는 데 기여하며 대한민국의 위상을 높였지만 이해관계가 얽혀 있는 탁구협회를 맡는 것은 또 다른 문제였다. 다른 재계 오너들이 회장 자리를 고사한 것도 그래서였다.

조양호는 이유성에게 탁구협회의 문제점을 면밀히 검토하도록 했다. 탁구계는 물론 체육계 사정에 정통한 이유성은 협회의 고질병인 이권다툼을 상세히 보고했다. 조양호는 탁구계 인사들에게 "서로 싸우지 않는다고 약속하면 회장을 맡겠다"며 "필요하면 지원도 아끼지 않을 것"이라고 했다.

회장추대위원회는 만장일치로 조양호를 20대 탁구협회장으로 추대했다. 남자탁구대표팀 코치 유남규는 "신임 회장께서 국가대표뿐 아니라 유소년, 청소년 팀에도 많은 지원을 해주길 기대한다"고 말했다.

멈출 줄 모르고 표류하던 탁구협회는 신임 회장 영입으로 반전의 발판을 마련했다. 베이징올림픽을 석 달 남짓 앞둔 7월 28일 탁구협회장에 취임한 조양호는 처음부터 개혁을 추진하지는 않았는데 코앞에 닥친 올림픽에서 성과를 거두기 위해서였다. 베이징에서 돌아온 조양호는 시스템을 갈아엎다시피 했다. 이유성에게 '실무부회장'을 맡겨 인사 혁신부터 하도록 지시했다. 어느 세력에도 치우치지 않는 공정한 인사로 불만을 잠재우면서 서로 경쟁하도록 했는데 일종의 '탕평책'이었다.

1995년 최원석 회장(당시 동아그룹 회장)이 중도 사퇴한 이후 반목해 오던 탁구계가 조양호를 중심으로 뭉치기 시작했다. 조양호는 석 달에 한 번 코칭스태프, 선수들과 허심탄회하게 대화를 나누면서 애로사항과 문제점들을 개선해 나갔다.

조양호의 개혁으로 자금 운용은 투명해지고 기술위원회에 비디오 판독 시스템을 도입해 과학적인 훈련이 가능해졌다. 초고속카메라도 그때 들여왔다. 조양호는 '탁구계 화합'과 '선수 경기력 향상'이라는 두 마리 토끼를 다 잡았다.

조양호는 국가대표 선발 때도 한 점의 비리가 없도록 투명하게 실력을 평가하게 했다. 2010광저우아시안게임 대표선발전에서 2004아테네올림픽의 기적을 만든 유승민이 왼쪽 무릎 연골 파열 부상으로 탈락하는 초유의 사태가 벌어졌다. 5명 중 4명을 우선 선발했는데 유승민은 9위에 머물렀다. 나머지 한 명은 차점자를 올려야 했지만 파벌 논리가 작동했다. 유승민에게 기회를 주자는 의견이 지배적이었지만 조양호는 반대했다. "스포츠에 특혜는 없다"는 원칙이었다.

유승민은 런던올림픽 자동출전권을 따내기 위해 이를 악물었다. 세계랭킹을 최대한 끌어올린 끝에 런던행 티켓을 따냈고 또 하나의 기적을 만들었다. 조양호의 '독(毒)한' 원칙과 기준이 유승민에게 약(藥)이 된 것이다.

유승민은 2011년 카타르 도하에서 열린 국제탁구연맹(ITTF) '피스앤드스포츠(Peace and Sport)컵'에서 조양호와 '격렬하게' 가까워졌다. 당시 북한 대표 김혁봉 선수와 20년 만의 남북단일팀으로 출전해 남자복식에서 우승한 유승민은 우승보다 짜릿한 순간을 잊을 수 없다.

"어디선가 회장님이 성큼성큼 다가와 꽉 안아주시며 '잘했어!' 하셨어요."

조양호는 국제탁구연맹 공인 '코리아오픈'을 정착시켰다. 탁구에 대

한 애정과 관심으로 탁구인들의 폭넓은 지지를 받았다. 조양호는 2012년 런던올림픽 현장에서 샌드위치로 점심을 때우며 대한민국 선수단을 열정적으로 응원하며 지원했고, 올림픽 직후 선수단에게 2억 원의 포상금을 지급하며 '통큰' 격려를 했다. 런던올림픽 직후 대한체육회장 출마설이 떠돌자 포상식에서 "나는 탁구에만 신경 쓸 생각이니 아무 걱정 말고 훈련에 전념하라"며 탁구에 대한 강한 애정을 피력했다.

탁구협회는 2013년 1월 대의원총회를 열고 조양호를 회장으로 재선임했는데, 만장일치 선출은 18년 만에 처음이었다. 선수들의 개인적인 고충까지 헤아리는 등 뜨거운 탁구사랑을 보여온 조양호에 탁구인들이 믿음과 신뢰를 보낸 결과다. 조양호는 탁구협회장으로 재임한 12년 동안 120억 원 이상을 쏟아 부으며 한국탁구 발전을 이끌었다.

스포츠과학에도 관심이 많았던 조양호는 탁구 세계 최강 중국을 이길 과학적인 시스템을 개발하라고 지시했다. 영상분석시스템과 과학적인 훈련시스템 구축에 많은 지원을 했다. 이유성은 "회장님은 수시로 국가대표 훈련이 어떻게 되고 있는지, 상대팀 분석 등 과학적인 훈련이 제대로 되고 있는지 물으셨다"고 했다. '공부하는 선수' 육성 프로그램을 벤치마킹하라며 2016년 탁구협회 임직원과 국가대표 감독들이 서던캘리포니아대(USC) 스포츠센터를 견학하게 했다.

조양호는 대한탁구협회장 외에도 아시아탁구연맹 부회장, 대한체육회 부회장, 국제기구 피스앤스포츠 대사도 맡았다. 2011년 카타르에서 열린 피스앤스포츠 탁구컵을 후원하며 남북단일팀 결성에도 큰 역할을 담당했다. 2018세계선수권대회 여자단체 단일팀 구성, 각종 오픈대회에서의 남북선수 복식조 참가, 코리아오픈에 북한선수단 초청 등 남북 스포츠교류 활성화에 탁구가 많은 역할을 했다.

조양호는 기업을 경영하며 쌓아온 비즈니스 노하우를 스포츠행정에 접목해 국내 스포츠계의 위상을 높이는 데 일조했다. 조양호는 탁구인들의 화합을 도모하는 한편 선수 육성과 지도자 양성 제도 정비를 통해 비인기 종목으로 쇠퇴한 탁구의 재도약을 이끌어냈다.

2018년 사상 최초로 세계탁구선수권대회를 부산에 유치하는 데 성공했는데 국제탁구연맹 회장을 만나 한국 개최의 당위성을 설명하고 각국 협회의 지지를 이끌어내는 데 앞장섰다. 그러나 2020세계탁구선수권대회 유치는 조양호의 마지막 업적이 되고 말았다. 이유성은 "회장님께 탁구에서 올림픽 금메달을 보여 드리지 못한 것과 회장님께서 부산세계선수권대회를 못 보신 것이 큰 아쉬움으로 남는다"고 말했다. 2020년 조양호는 66회 대한체육회 체육상 시상식에서 특별공로상 수상자로 선정됐다. 대한체육회는 "조 회장의 스포츠 사랑과 헌신을 높이 평가한다"고 밝혔고 조원태 한진그룹 회장이 대신 상을 받았다.

협회도 시스템경영으로
'사라예보 전설'도 떨었다

탁구협회 임원들은 한진그룹 임원들처럼 조양호에게 보고를 하러 갈 때는 두려움이 컸다. 서류를 꼼꼼히 읽어보고 조금이라도 납득이 가지 않는다 싶으면 송곳질문을 했는데 미처 준비하지 못해 답변이 허술하면 여지없이 야단을 맞아야 했다. 현정화는 이전 회장들과는 전혀 달랐던 조양호를 이렇게 기억한다.

"나를 비롯한 협회 임원들은 공부를 열심히 하지 않을 수 없었다. 회장님은 무엇보다 거짓말하는 것을 용납하지 않으셨는데, 모르면 '모른다' 하고 하지 못했으면 '못했다' 하는 것이 훨씬 나았다."

'사라예보의 신화' 정현숙(한국여성탁구연맹 회장)이 조양호를 처음 만난 건 2008년 베이징올림픽 해설위원을 맡았을 때다.

"트레이닝복 차림으로 소탈하게 웃으시며 갑자기 나에게 포즈를 취해 보라고 하시더니 카메라를 들고 사진을 찍어주셔서 깜짝 놀랐다.

사진작가라는 사실을 나중에 알게 됐다. 선수들을 만날 때면 너무 좋아하시고 말씀도 많이 하셔서 원래 소탈하신 분인가 했는데 회사에서는 매우 엄격하시다는 걸 알고 나서 또 한 번 놀랐다."

조양호는 대한체육회 이사회에 해외출장이 아니면 반드시 참석했는데 다른 기업인들과 달랐다. 정현숙은 조양호가 이사회 안건을 미리 검토하고 올 거라고는 예상하지 못했다.

"회의 전 티타임 때 안건에 대해 너무 디테일한 질문까지 던지시는 바람에 답변을 못한 우리는 당황하고 죄송스러웠다."

그 후 임원들은 이사회 준비를 할 때 안건을 공부할 수밖에 없었다. 이사회에서 사회자가 청년문화교류사업의 일환으로 청년들을 선발해 해외로 보낸다고 공지하자 조양호가 갑자기 "어떤 기준으로 선발했느냐?"고 물어 사회자는 물론 참석자들을 당혹스럽게 했다. 조양호는 그렇게 한 가지 사안도 놓치지 않고 체크했는데 탁구협회든 대한체육회든 기업을 경영하듯 철두철미하게 했다.

정현숙 역시 조양호가 잘 모르면서 아는 척 하는 걸 가장 싫어한다는 것도 알게 됐다. 한 번은 경기 중에 촉진룰이 적용됐는데 조양호가 갑자기 "'촉진룰'이 영어로 뭐냐?"고 물었다. 정현숙은 순간 머릿속이 하얘져 아무리 생각해도 기억이 나지 않았다.

"그럴싸한 단어로 둘러대려다 '정직이 최고다' 싶어 모르겠다고 털어놨더니 별 말씀이 없으셨다."

"공부하는 선수는 사라지지 않는다"
John Mckay Center를 벤치마킹하라

2010년 7월 슈퍼플라이급 한국 타이틀 매치에서 8회 TKO패 한 뒤 나흘 뒤 사망한 배기석 선수의 유족들은 한 푼도 보상받지 못했는데 한국권투위원회가 대전료의 2%를 의료비 등 보험료 명목으로 가져가고도 적립된 돈이 없어 지급할 수 없다고 한 것이다.

'비운의 복서'를 보면서 변호사를 꿈꾼 프로복서가 있었다. 2019년 인하대 법학전문대학원을 졸업하고 변호사시험에 합격한 이형석이다. 이형석은 고등학교 2학년인 2008년 프로복싱 신인왕전까지 뛰며 재능을 인정받았지만 급격하게 나빠진 시력 때문에 출전 기회를 얻지 못했다. 2011년 재수 끝에 고려대 체육교육과에 진학했는데 배기석 선수의 억울한 사정을 목도하고 2015년 인하대 로스쿨에 진학했다. 배 선수처럼 부당한 일을 겪는 이들에게 힘을 보태기 위해서였다.

이형석은 2016년 인하대 복싱동아리 선수권대회에서 우승을 했는데, 인하대 학교법인 정석인하학원 이사장을 맡고 있던 조양호는 복싱선수 출신 학생이 법학을 전공한다는 얘기를 듣고 두 학기 학비에 해당하는 장학금을 선물했다.

그 후로도 조양호는 이형석을 여러 차례 만나 "스포츠전문변호사가 될 수 있도록 노력하라"며 적극적인 후원을 했다. 그러나 이형석이 변호사시험에 합격하기 며칠 전 조양호는 세상을 떠났다. 이형석은 "이사장님께서 변호사시험에 합격하면 만나자고 하셨는데 지키지 못하게 됐다"며 조양호의 묘를 찾아 합격 소식과 함께 감사를 전했다.

조양호는 2005년 인하대 배구팀 감독을 맡아 이듬해 전국 5개 대회를 석권한 최천식을 대한항공 본사로 불렀다. 최천식은 기뻐하는 조양호에게 "선수들이 1년 동안 고생이 많았으니 하와이로 전지훈련을 보내 달라"고 요청했다. 조양호는 잠시 생각에 잠기더니 "선수들 전원 이번 학기 성적표를 보고 판단하겠다"고 돌려보냈다. 선수들은 한 달 남짓 남은 기말시험에 대비해 열심히 공부했다. 다행히 대체로 좋은 성적을 거두었고 낙제점을 받은 선수는 한 명도 없었다. 성적표를 본 조양호는 흐뭇해하며 약속대로 이듬해 1월 코칭스태프를 포함해 20명이 넘는 팀 전체를 하와이로 보내주었다. 당시만 해도 대학에는 학업과 담을 쌓고 운동에 전념하는 선수가 많았는데 "공부하는 선수가 돼라"는 조양호의 당근이 통한 것이었다. 조양호는 신입생 선수들이 입학하면 불러서 "학업도 게을리하면 안 된다"며 "특히 영어회화도 열심히 익히라"고 주문하곤 했는데 지금도 인하대 배구팀은 영어공부하는 분위기가 이어지고 있다.

조양호는 선수들의 성적뿐 아니라 장래까지 걱정했다.

"은퇴 후에도 사라지지 않고 체육계는 물론 사회에서도 제 역할을 할 수 있도록 준비하라."

이형석 사례를 들려주며 "우리 선수들도 은퇴 후에 사회에서 선수 때 못지않은 기량을 발휘할 수 있다"고 용기를 주었다. 조양호는 스포츠인을 '전문가'로 인정하고, "운동선수도 기회가 주어지면 다른 분야 사람들보다 잘할 수 있다. 은퇴 후 진로를 생각하라"고 강조했다.

조양호는 평소 국제 스포츠계에서 한국의 외교력을 높이려면 국제스포츠행정 전문가 양성이 절실하다고 생각했다. 현정화는 조양호에게 "우리나라에서 국제탁구연맹(ITTF) 임원도 많이 나와야 하고 국제심판도 많이 길러내야 한다"는 얘기를 귀에 못이 박히도록 들었다.

현정화는 조양호의 조언에 따라 국제탁구연맹 미디어위원으로 선임된 후 탁구국제행정가의 길을 걷겠다는 꿈을 갖게 됐다. 그러나 국제대회에서 심판진, 운영진과 소통하는 데 어려움을 겪으면서 영어실력의 필요성을 절감했다. 이 얘기를 들은 조양호는 자신이 재단 이사로 있는 서던캘리포니아대(USC) 총장에게 편지로 "현정화 감독이 유능한 스포츠지도자로 성장하는 데 필요한 코스를 추천해 달라"고 요청하고 어학연수 후 유학까지도 뒷받침해 주기로 했다.

현정화는 2012년 8월부터 2년 동안 USC에서 매일 5시간 이상 영어공부에 매진했다. 현정화는 "지금도 지도자생활을 하면서 꾸준히 영어공부를 하고 있는데 그때 연수를 받은 것이 계기가 됐다"고 말했다. 조양호는 국가대표 감독이면 국제경기에 출전했을 때 심판이나 운영진과 자유롭게 의사소통이 돼야 우리 선수단이 불이익을 당하지 않는다는 지론을 가지고 있었다. 국제 공용어인 영어는 필수였다. 체육인들이 스포츠 관련 국제기구에 진출해 한국 스포츠 발전을 위해 노력하기 위해서도 영어가 필수라고 여기고 지원을 아끼지 않았다.

조양호는 2013년 국내 스포츠 언론인들이 USC 존맥케이센터(John Mckay Center)를 견학하도록 했다. USC 체육대는 '공부하는 선수 육성'이라는 철학 하에 운동선수들에게 학업과 운동을 병행할 시설과 프로그램을 갖춘 '존맥케이센터'를 건립했다. 존 맥케이(John Mckay)는 1960~70년대를 풍미한 전설적인 미식축구 감독이다.

2012년 8월 개관 존맥케이센터는 USC 체대 산하 21개 팀 650여 명이 사용하는 미팅룸과 라커룸, 웨이트트레이닝실, 훈련실, 실내경기장, 학습공간, 경기전략연구소, 컴퓨터시설 등이 완비돼 있다. 학생들이 운동뿐 아니라 학업에도 열중하도록 배려한다. 교수와 일대일로 개인교습을 받을 수 있다. 진로상담을 비롯해 은퇴 후 제2전공과 관련된 직업을 가질 수 있도록 도움받는다.

프로에 진출해도 30~40세의 나이가 되면 은퇴해야 한다. 학생들에게 미래의 중요성을 인식시켜 학업을 유도하고 있다. 학교에서 요구하는 성적이 안 될 경우 경기 출전 금지, 훈련 불참 등의 징계를 내린다. 졸업장은 '미래를 대비한 보험'이라는 인식을 심어주고 있다. 존맥케이센터는 선수들이 자연스럽게 공부와 운동을 병행하도록 시스템이 잘 돼 있다. USC 체대는 공부와 운동을 모두 중시하면서도 올림픽에서 많은 메달리스트를 배출한 스포츠 명문이다. 418명이 올림픽에 참가해 금메달만 135개나 획득했다. USC 체대를 하나의 국가로 보면 누적 메달수로 세계 8위다.

운동선수로서 빛을 보지 못한 이들도 전공지식을 통해 제2의 인생을 설계한다. 운동을 중도에 그만두거나 프로팀에 입단하지 못하면 목표를 잃게 되는 한국 체육교육이 지향할 점이라고 볼 수 있다.

"승민아, IOC 위원까지 Fight on!"
『우쭐대지 말 것. 사람 조심할 것.』

조양호는 스포츠 발전을 위해서는 사람에 더 투자해야 한다고 강조했다. '젊은 피'가 필요하며 유럽같이 체육인 출신의 젊은 선수위원층이 확대돼야 한다고 역설했다. 선수들에게 항상 "시합만 하지 말라.

2012년 런던올림픽

성적이 다가 아니다"고 강조했다. 유승민이 2008년 모스크바, 2012년 런던과 파리에 갔을 때도 "시합이 끝나면 그 곳 문물을 보고 느끼고 오라"고 했다. 유승민은 IOC위원에 도전하겠다는 마음은 있었지만 실행에 옮길 만큼 자신감은 없었다.

"'세상은 보이는 것보다 넓다. 시야를 넓히면 식견이 생긴다'며 도전할 용기를 북돋워주신 분이 회장님이셨다."

유승민은 서던캘리포니아대(USC) 유학 수속을 밟던 중 인천아시안게임 대표팀 코치를 맡아 달라는 제안에 유학을 포기하고 지도자의 길에 들어섰다. 평창동계올림픽 조직위원장을 맡은 조양호가 유승민을 평창으로 불렀다. 노트북을 열더니 유승민에게 "영문으로 된 기사를 해석해 보라"고 했다.

"평소 회장님께서 영어공부를 열심히 하라고 해서 한다고는 했지만 얼핏 봐도 스포츠가 아닌 생소한 미술 분야 기사인데다 회장님 앞에서 독해를 하자니 진땀을 빼야 했다."

테스트를 계기로 유승민은 다시 영어공부에 매진했는데 국제올림픽위원회(IOC) 위원에 도전하고 당선된 데 영어가 결정적이었다. 조양호는 유승민이 IOC 선수위원이 되도록 지원했다. 친분 있는 IOC 위원들에게 유승민 선수를 추천하는 한편 유승민의 영어면접도 도왔다. 조양호는 평창동계올림픽 준비위원회 발족 리셉션에 유승민을 불렀다. 사람들 앞에서 "유승민이 반드시 IOC 위원이 돼야 한다"고 말했다. 조양호의 적극적인 후원으로 유승민은 2016년 브라질올림픽에서 IOC 선수위원으로 당선됐는데 유승민은 면접에서 최고점을 받았다. 누구보다 조양호가 기뻐했다. 유승민은 IOC 위원이 되고 나서 조양호로부터 메시지를 받았다.

『우쭐대지 말 것. 사람 조심할 것.』

그 후에도 조양호는 틈날 때마다 유승민의 페이스북에 댓글을 남겼는데, 유승민은 조양호가 늘 보고 있다고 생각하니 글을 올리는 것이 조심스러웠다. 한 번은 하와이 전지훈련 중 조만간 찾아뵙고 인사드리겠다는 메시지를 보내드렸는데 훈련을 마치고 LA로 오라고 해서 일식당에서 밥을 사주었다. 조양호는 장장 4시간 넘게 자신이 영어공부를 하며 어려웠던 점들을 비롯해 콧대 높은 IOC위원들을 상대하면서 겪은 시행착오까지 허심탄회하게 들려주었다. 유승민은 한마디 한마디를 경청하느라 맥주 한 잔밖에 마시지 않았는데도 녹초가 돼 호텔방에 올라와 그대로 뻗어버렸다.

"4시간짜리 맨투맨수업은 중국선수 10명과 대적한 것보다 강도가 높았다. 회장님은 내가 도전할 때마다 응원을 아끼지 않으셨는데 언제나 마지막에 "Fight on!"이라는 단어를 쓰셨다."

유승민은 훗날 USC에서 공부할 때 그것이 USC 응원구호인 것을 알게 됐다. 하루는 유승민이 조양호로부터 메시지를 전달받았는데 "팔 슈미트(Pal Schmitt) 헝가리 IOC 위원이 유승민에게 메일을 보냈는데 답장이 없어 알아봐 달라"는 것이었다. 경험이 부족해 해외에서 들어오는 메일 대부분이 스팸메일함으로 들어가고 있는 것을 몰랐던 유승민은 조양호 덕분에 실수를 알게 됐다. IOC도 조양호가 유승민의 든든한 후견인임을 알고 있었던 것이다. 2018년 국제탁구연맹 회장이 방한했을 때 조양호는 유승민에게 "제대로 의전하라"며 헬기까지 내주어 한 나절에 부산 경기장을 둘러보고 대전에서 회의까지 마칠 수 있었다. 건강이 극도로 악화된 중에도 각별한 신경을 써준 것이었다.

유승민은 조양호의 뜻을 이어받아 국제연맹과도 잘 소통하며 한국 탁구를 위해 열심히 뛰고 있다. 2019년 세계탁구선구권대회 기간 중 열렸던 국제탁구연맹(ITTF) 총회에서 만장일치로 ITTF 집행위원으로 선출되기도 했다. 조양호의 지원과 투자가 없었다면 생각지도 못했을 일이다. 유승민은 IOC 위원으로 딱 한 번 공식 행사에 참석하지 못한 적이 있는데 조양호의 장례식에 참석하기 위해서였다. 큰 스승을 잃은 상실감으로 장례가 끝날 때까지 빈소를 지켰다.

'피시앤칩스' '미니앨범' 응원의 힘
선수들과 얘기할 때 아이처럼 행복했다

조양호는 재정적으로도 어려웠던 탁구계에 물질적 지원과 더불어 정신적 지주 역할까지 했다. 조양호는 큰 경기가 있을 때마다 경기장을 찾아 선수들을 응원했다. 런던올림픽 기간 예선부터 결승까지 17일 동안 모든 경기를 참관하며 선수단을 뒷바라지했다. 런던올림픽 당시 여자탁구대표팀 감독을 맡은 현정화는 3·4위 결정전에서 싱가포르에 패해 메달 획득에 실패했다.

"그때 회장님은 '최선을 다했고 잘 싸웠다'며 '절대 기죽지 말라'고 격려해 주었다."

우리 선수들의 경기를 빠짐없이 보면서 관중석에서 힘찬 응원을 하고 남자단체 결승에서 중국에 아쉽게 패해 은메달을 획득하자 시상식에서 침울해 있던 선수들을 오히려 격려하시며 함께 사진을 찍어 주었다.

런던올림픽 때 조양호는 경기 시작 전 선수들을 데리고 나가 '피시앤칩스'로 유명한 식당에서 밥을 사주었다. 큰 경기에 긴장한 선수들은 분위기를 전환했고 조양호의 자상한 응원에 힘을 얻었다. 베이징올림픽 때도 카메라를 들고 다니며 선수들 사진을 일일이 찍어주고 나중에 미니앨범을 만들어 나누어 주기까지 했다. 선수들 모두 세심한 배려에 감동을 받았다.

조양호는 런던올림픽 기간 선수단과 동고동락하며 현장에서의 열정적인 응원을 보내는 한편, 아담 샤라라(Adam Sharara) 세계연맹 회장, 차이 전화(Cai Zhenhua) 아시아탁구연합회장 등 국제연맹 임원들을 만나 한국 탁구의 위상을 국제적으로 높이는 데 크게 기여했다.

선수들에게 동기 부여가 필요하다며 세계랭킹 20위에 들면 해외경기를 다닐 때 비행기좌석을 비즈니스석으로 업그레이드한 것도 조양호가 탁구를 얼마나 아꼈는지 보여준다.

2014년 아시아선수권대회 직후 탁구협회가 국가대표 상비군을 대상으로 '글로벌 매너' 교육을 실시했다. "국제무대에서 선수들이 세련된 모습을 갖추는 것은 자신감과 직결된다"는 조양호의 생각이 반영된 것이었다. 인천하얏트리젠시호텔에서 대한항공 배구팀과 탁구팀, 빙상팀도 함께했는데, 12시간에 걸쳐 '호감 있는 이미지 연출과 세련된 매너 함양을 통한 대인관계 관리능력 향상', '국제비즈니스매너', '품격 있는 용모·복장 코디네이션', '커뮤니케이션 스킬' 교육에 이어 테이블매너 교육은 와인을 곁들인 서양식 코스요리 식사를 하며 진행했다.

현정화는 지금도 어린 선수들과 얘기를 나눌 때 아이처럼 얼굴 가득 미소 짓는 조양호의 표정을 잊지 못했다.

"스포츠 얘기를 무척 좋아하셔서 편찮으실 때도 우리가 가면 화색이 도셨는데 끝내 떠나고 마셨다. 더 오래 사셨으면 탁구계에 더 큰 발전을 만들어내셨을 것이다."

조양호는 은퇴한 선수 김경아에게도 세심한 배려를 했다. 국가대표로 세 번이나 올림픽에 출전한 한국여자탁구의 맏언니 김경아가 **2008**

년 베이징올림픽 이후 은퇴를 고려하자 조양호는 "국가를 위해 2012년 런던올림픽까지 뛰어 달라"고 부탁했다. 2세계획까지 미루고 훈련에 전념한 김경아는 런던올림픽에서 태극마크를 달고 국위를 선양했다.

올림픽이 끝나자 김경아는 예정대로 은퇴를 선언했고, 조양호는 "지도자수업을 잠시 중단하고 2세계획을 세울 수 있도록 시간적 배려를 해주라"고 지시했다. 김경아가 임신이 잘 되지 않자 자신 때문인 것 같다며 난임전문클리닉을 알아보도록 하고 비용도 내주었다.

7년 빙속 투자, 금빛으로 돌아와 "나도 이제 체육인이야!"

조양호는 평창동계올림픽 유치에 뛰어든 2011년 동계스포츠에도 투자가 필요하다고 생각했다. 이유성에게 어떤 종목이 좋을지 알아보도록 한 결과 2010년 밴쿠버 동계올림픽 금메달리스트로 일약 스타덤에 오른 이승훈, 모태범에 주목하게 됐다. 스피드스케이팅선수들은 지방자치단체 소속이어서 안 그래도 비인기종목인데 소속 브랜드 파워가 약해 대중성이 더욱 떨어졌다. 조양호는 8년 동안 올림픽을 준비하고 평창에서 대한민국 선수가 금메달을 획득하려면 빙상팀을 만들어야 한다고 판단했다.

조양호는 배구단과 탁구단에 이어 2011년 스피드스케이팅(빙속)팀을 창단하고 이승훈과 모태범을 영입했다. 사상 최초로 지방자치단체가 아닌 기업이 스피드스케이팅 실업팀을 창단해 한국 동계스포츠에 힘을 보탠 것이었다. 박성인 대한빙상경기연맹 회장은 조양호의 빙상팀 투자 의지를 보고 한국체대 소속 선수들을 보내면서도 스카우트비를 한 푼도 받지 않았다.

조양호는 코칭스태프와 훈련장비, 숙소 등 스피드스케이팅 성장을 위해 투자를 지속했고 두 선수는 마침내 성과로 보답했다. 이승훈은 2018평창겨울올림픽 남자스피드스케이팅 매스스타트 금메달과 팀추월 은메달을 목에 걸었다. "큰 의미가 없다"는 소리를 듣던 조양호의 7년 투자가 빛을 내는 순간이었다. 조양호는 이승훈, 모태범에게도 영어공부를 하라며 지원을 아끼지 않았다. 2014년 인천아시안게임 때 탁구는 수원에서 경기를 치렀는데 단체경기가 끝나고 한국팀, 중국팀, 북한팀에게 시상한 조양호가 외쳤다.

"나도 이제 체육인이야!"

정현숙도 그 소리를 들었다. "결코 지나친 말이 아니었다. 회장님은 정말로 스포츠를 사랑한 스포츠인이 맞다. 회장님은 체육계에 발을 들여놓으신 후 스스로 막중한 책임감을 느끼신 것 같았다."

"나도 이제 체육인이야!"는 그런 노력에 대한 보람이 응축된 한마디였다. 조양호는 탁구인들에게 가장 존경받는 탁구인이었다.

지구가 너무 작았던 코즈모폴리턴

2011년 스위스 로잔.
평창동계올림픽 유치 프레젠테이션

chapter 10

평창의 승리를 이끈 열정의 민간외교가

우리나라에서 치러진 두 번의 올림픽 유치 모두 한진가(家)의 역할이 지대했다. 부자가 대를 이어 올림픽 유치에 기여한 일은 세계적으로도 전례가 없다. 대한민국이 올림픽을 통해 국격이 높아진 데는 조중훈·조양호 부자의 민간외교가 있었음을 기억해야 한다.

'3수 이유' 분석, '컨트롤타워' 설치
평창동계올림픽 유치에 결정적 기여

"평창!" 2011년 7월 6일 남아공 더반에서 열린 제123차 국제올림픽위원회(IOC) 총회에서 자크 로게 IOC 위원장이 2018년 동계올림픽 개최지를 발표했다. 치열한 경쟁을 펼쳐온 평창과 독일의 뮌헨, 프랑스 안시의 운명이 결정되는 순간이었다.

한국은 1996년 동계올림픽 유치를 꿈꾼 후 15년, 2000년 동계올림픽 유치를 공식 선언한 후 11년 만에 결실을 맺었다. 88서울올림픽, 2002한·일월드컵, 2011대구세계육상선수권대회에 이어 세계 4대 스포츠 축제를 모두 개최하는 그랜드슬램을 달성하게 된 것이었다. 조양호는 자크 로게 IOC 위원장으로부터 평창 유치 확정서를 받았다.

95명의 투표인단이 참여한 1차 투표에서 과반이 넘는 63표를 얻은 압도적인 승리였다. 2위 뮌헨(25표), 3위 안시(7표)와 비교하면 세계가 놀랄 만한 성적표였다.

대한항공 임원으로 평창올림픽 유치위와 조직위에서 조양호 위원장 비서실장으로 함께한 김용순은 "조양호 회장님이 없었다면 평창동계올림픽 유치는 불가능했을 것"이라고 했다. 2009년 평창유치위원회 공동위원장에 취임한 조양호는 국가에 대한 소명의식으로 위원장 자리를 받아들였다. 2011년 7월 개최지 선정까지 조양호에게 주어진 시간은 2년도 되지 않았다.

평창이 두 번이나 고배를 마신 데는 이유가 있었다. 정부는 정부대

2011년 7월 6일 2018동계올림픽 평창 유치 확정

로, 지자체는 지자체대로, 민간은 민간대로 따로 움직이고 있어 체계도 없고 효율적이지도 않았다. 조양호는 김용순에게 유치위원회가 시스템으로 움직이도록 컨트롤타워부터 만들라고 지시했다. 상황실을 설치하고 모든 정보가 공유되도록 했다.

스포츠외교 무대에 서기 위해 프레젠테이션 개인과외까지 받았고, 한진그룹 엘리트 인력들도 올림픽 유치위원회에 파견했다.

조양호는 세련된 비즈니스 마인드와 글로벌 항공사를 경영하면서 얻은 폭넓은 인맥을 활용해 평창동계올림픽 유치를 위해 노력했다. 기업인으로서의 비즈니스 감각과 매너, 인맥, 진정성 있는 노력으로 유치에 결정적인 기여를 했다. 조양호는 한진그룹 회장직보다 유치전에 더 힘을 쏟았다.

IOC는 조양호에겐 낯선 무대였다. 투표권을 가진 IOC 위원은 자국 대통령 말도 듣지 않을 만큼 콧대가 높았다. 조양호가 덴마크 코펜하

2015년 IOC 프로젝트리뷰 본회의

겐에 처음 가서 그들을 만나 '유치위원장 조양호' 명함을 건네면 악수도 하지 않고 가버릴 정도였다. 국가를 대표하고 어느 나라 호텔에 묵든 국기가 게양되는 존재이니 변방에서 온 유치위원장쯤은 무시해도 된다고 생각한 것이다.

조양호는 단 한 명의 IOC위원과도 친분이 없어 무에서 유를 창조할 수밖에 없었고, 그래서 전략을 바꾸었다. '유치위원장' 명함 대신 '대한항공 회장' 명함을 준 것이다. 대한항공을 한 번쯤 타 본 위원들은 깜짝 놀라며 관심을 보였다.

50번 출국, 지구 16바퀴 대장정
'달리는 BMW' 위에 '나는 KAL'

　IOC 위원들을 설득하는 대장정에는 유창한 조양호의 영어실력과 비즈니스제트기가 큰 몫을 했다. 큰 비행기, 작은 비행기, 헬기까지 동원해 어느 경쟁도시도 따라올 수 없는 기동력을 발휘했다. 가장 유력한 후보지가 독일 뮌헨이었는데 IOC 부위원장이 뮌헨동계올림픽 유치위원장을 겸하고 있어 평창이 이길 거라고 생각하는 사람은 없었다.

　IOC 총회는 세계 곳곳의 휴양지에서 열렸는데 그 곳으로 바로 가는 노선은 드물었다. 조양호는 비즈니스제트기를 타고 누구보다 빨리 총회가 열리는 장소로 이동할 수 있었다. 동에 번쩍, 서에 번쩍 하는 조양호의 기동력을 경쟁도시 유치위원들은 물론 IOC 위원들도 부러워했다. 뮌헨은 BMW가 후원하고 있었는데 조양호와 대한항공에 비할 바가 못 됐다. '달리는 BMW' 위에 '나는 KAL'이 있었던 것이다.

　조양호는 '국가에 책임과 봉사를 다한다'는 소명의식으로 올림픽 유치에 헌신했다. 2010년 밴쿠버동계올림픽부터 2011년 6월 아프리카올림픽위원회 총회까지 IOC 위원들과 국제 스포츠 관계자들이 모인 자리면 어디든 날아갔다. 2년 동안 34개 해외행사, 50번에 걸친 해외출장을 소화하는 대장정으로 지구 16바퀴에 달하는 64만km를 이동하며 전체 110명의 IOC 위원 중 100명 가까이나 만났다.

　조양호는 항공사를 경영하면서 체득한 서비스마인드로 평창 지지

표를 확보해 나갔다. 스카이팀 네트워크를 통해 전 세계 IOC 위원들과 친분을 쌓고 평창 유치의 당위성을 설득했다. 조양호는 대한항공내 전사적 지원체제를 구축했다. 해외 75개 지점 모두를 포함해 사내에 2018평창동계올림픽유치추진사무국을 창설하고 IOC 위원들의 동향 파악과 정보 수집에 만전을 기했다. 그 결과 IOC 위원이 세계 어느 공항에 나타나든 사무국에서 빠르게 파악할 수 있었다. IOC 올림픽실사단도 대한항공이 이용하는 본청사를 통해 입국할 수 있도록 했는데, 실사단을 맞아 동행한 조양호는 사진작가답게 실사단이 한국을 떠나기 전 그들의 활동상을 8쪽짜리 화보집으로 만들어 전달하며 실사단의 마음을 사로잡았다.

조양호는 가장 어렵다는 유럽도 포기하지 않았다. 유럽 26개 국에는 46명의 IOC 위원이 있어 그들을 설득하지 않고서는 1차 투표 과반 득표를 끌어낼 수 없다고 판단한 조양호는 유럽의 허브인 프랑크푸르트·파리공항 등에서 IOC 위원들을 대상으로 세심하고 적극적인 서비스를 무기로 좋은 인상을 심어주었다.

조양호는 두 차례 모두 1차 투표에서 최다 득표하고도 역전패한 전철을 밟지 않으려 치밀하게 대응했다. '1차 투표에서 결정을 보겠다'는 목표로 유치전을 폈다. 승부처는 13개 국 15명의 IOC 위원이 있는 아프리카였다. 독일, 프랑스도 아프리카의 동계스포츠 지원을 공약하고 나서면서 상황이 어려워졌지만 포기하지 않았다. 조양호는 박용성 대한체육회(KOC) 회장 등과 토고에서 열린 아프리카올림픽위원회(ANOCA) 총회에 참석한 뒤 남아공으로 날아가는 기동성을 보여주었고,

2014년 토마스 바흐 IOC 위원장 초청 오찬

투표에 참여한 아프리카 IOC 위원 13명 대부분이 평창의 손을 들어주었다.

아시아권도 평창의 편에 섰다. 국제복싱연맹(IBF) 회장인 대만의 우칭귀 위원, 세계태권도연맹(WTF) 부총재인 태국의 낫 인드라파나 위원 등이 한때 '반한파'로 분류됐었지만 조양호의 '삼고초려'에 결국 마음을 돌렸다. 조양호는 평창에 두 번의 패배를 안기는 데 일조했던 미국 컨설팅회사 헬리오스파트너스와도 손을 잡았다. 올림픽의 성공적인 유치를 위해서는 우리의 단점을 객관적으로 보면서 개선하는 '지피지기'가 필요하고, 이를 위해선 과거의 경쟁자와도 협력할 수 있어야 한다는 것이었다. 조양호의 목표 달성을 위한 과감하고 실용적인 리더십은 덩샤오핑의 '흑묘백묘론'과도 일맥상통한다.

IOC "100점 주고 싶다" 극찬
평창의 기적, 아름다운 마무리

평창 유치가 확정됨에 따라 올림픽조직위원회가 출범했다. 2014년 7월 평창동계올림픽 2대 조직위원장에 취임한 조양호는 2016년 5월까지 올림픽 준비를 진두지휘했다. IOC 조정위원회와 긴밀히 소통하며 평창의 성공적인 올림픽 개최에 쏟아지던 국제사회의 의구심을 지웠다.

대한항공은 동계 스포츠의 '새로운 지평'을 연 평창동계올림픽의 국내 후원사 중 최고 등급인 공식 파트너로서 전방위 후원을 펼쳤다. 2015년 3월 공식 후원 협약을 맺고 사전 테스트 진행을 위한 필수 장비였던 스노트랙(Snow Track, 트랙터가 눈 위에서 미끄러지지 않도록 바퀴에 장착하는 장비)을 항공화물로 무상 수송하는 것을 시작으로 1,000억 원 규모의 전방위적인 지원을 이어갔다. 신속한 수송으로 테스트 이벤트 이전에 스노트랙이 장착된 트랙터 완제품이 공급되면서 원활한 대회 진행이 가능하게 됐다. 2016년 2월 첫 테스트를 참관한 IOC 측은 "100점을 주고 싶다"고 극찬했다.

조양호의 진두지휘로 객실·운항·정비·기내식·종합통제 등 직군별로 110만 명에 달하는 대한항공 SNS 팔로워에게 평창올림픽 응원 열기를 전달했다. 2017년 11월 1일 그리스에서 채화된 성화가 대한항공 전세기 A330-200에 실려 인천국제공항 제2여객터미널로 들어왔다. 개항 전 첫 손님으로 한국에 도착한 성화는 101일간 7,500 주자의 손에 들

2011년 자크 로게 IOC 위원장으로부터 평창 유치 확정서를 받다.

려 전국 2,018km를 누빈 후 2018년 2월 9일 평창동계올림픽 개회식장에 도착했다.

대한항공은 2018년 1월부터 평창동계올림픽과 패럴림픽을 전 세계에 알리기 위해 마스코트인 '수호랑'과 '반다비'를 래핑한 항공기 A330-200을 운항했다. 패럴림픽 폐막일인 3월 18일까지 전 세계 하늘을 누비면서 평창동계올림픽을 알리는 홍보사절단 역할을 수행했다. 인천국제공항과 평창의 관문인 양양공항을 연결하는 환승 전용 내항기를 임시 운영하며 각국 선수단과 관계자, 취재진 및 일반 관람객들의 편의를 도왔다.

남북단일팀을 꾸리며 경쟁을 넘어 세계인을 평화와 화합의 장으로 이끈 평창동계올림픽으로 대한민국의 위상은 한층 높아졌다. 2018년 2월 9일부터 25일까지 동계올림픽이 강원도 평창에서 개최되면서 전 세계에 '하나된 열정(Passion, Connected)'을 선사했다.

그러나 조양호는 대회 개막을 코앞에 둔 2016년 돌연 위원장직을 내려놓으면서 아쉬움을 남겼다. 하지만 조양호는 평창동계올림픽과 패럴림픽대회 조직위원회에 파견한 한진그룹 직원들이 국제업무·마케팅·전산 등 다양한 분야에서 전문성을 발휘하며 끝까지 올림픽 현장을 지키도록 했다. 김용순은 평창동계올림픽 유치위원장과 조직위원장으로 보여준 조양호의 열정을 생생하게 기억한다.

"회장님은 전장에 나가면서도 갑옷과 투구를 벗고 진심의 옷으로 갈아입는 것 같았다. 조직위원장에서 내려오신 후에도 한 달간 나를 평창으로 보내 세계 각국에서 온 인사들과 '아름다운 마무리'를 하게 하셨다."

epilogue

　조양호의 할머니, 그러니까 조중훈 창업회장의 어머니는 태천즙(太天楫) 여사다. 이명희 전 일우재단 이사장은 신기한 얘기를 들려주었다.
　"궁금한 건 못 참는 성격이라 시할머님 함자를 옥편에서 찾아봤는데 즙이 '노[젓다]'란 뜻이어서 놀랐어요. '창공(天)에서 노(楫)젓는' 게 비행이잖아요. 아들이 항공사업을 일으킨 건 숙명이었나 봅니다. 시아버님 고향이 '용유도'인 것도 놀라워요. 인천국제공항 활주로가 영종도와 용유도를 이어 만든 걸 보면요."
　조양호는 효자였다. 아버지의 위대한 역사를 배우며 닮고 싶어했다. 끊임없이 변화와 혁신을 추진하면서도 선친이 만든 대한항공 로고를 바꾸지 않은 것도 그래서였다. 분가해서도 다섯 식구가 다 부암동에서 저녁을 먹고 집으로 갔다. 토요일엔 4형제 가족이 다 모여 저녁을 먹었다. 아버지의 해외출장 때 공항에 나가지 않은 적이 없었고 자신이 해외 나가서도 시간 맞춰 안부전화를 했다. 삼남매에게도 유학 중 주말마다 할아버지, 할머니에게 전화를 드리라고 했다. 조현민 ㈜한진 사장의 이야기다.
　"할아버지께서 입원하셨을 땐 아빠 엄마는 매일, 저흰 주말마다 병원으로 갔어요. 할아버지 돌아가신 후에도 아빠는 퇴근길에 할머니부터 뵙고 집에 오셨고 주말엔 모두 가서 함께 점심을 먹었어요."
　이명희 전 일우재단 이사장은 보타니컬아트(Botanical Art) 작가다. 그

1971년 B707 태평양노선 취항식

림만 그리는 게 아니고 꽃의 생태를 관찰하고 기록한다. 이 전 이사장은 남편 조양호를 들국화 '구절초'에 비유했다.

"물 없는 땅에서도 계속 피고 지며 잘 사는 게 그 사람 인생과 닮았어요."

조양호는 99점짜리 남편이었다. 아쉬운 1점은 운동을 안 하는 것이었다. 폐가 약해 운동으로 땀을 내고 심호흡도 해야 하는데 운동할 시간도 없었지만 너무 힘들어 못했다.

"평창동에 살 때 산책 좀 하자 하면 가긴 했는데 돌아올 때는 택시를 타야 했죠. 폐가 아니라 심장이 문제인 줄 알았어요. 도쿄에도 가 보자고 했는데 USC 의사를 끝까지 믿었죠. 폐가 문제인 줄 알았다 해도 약이 없다더군요."

2019년은 조양호가 고희(古稀)를 맞고, 대한항공이 창립 50주년을 맞는데다 역사적인 IATA 서울총회가 개최되는 해였다.

"세 가지가 겹치는 2019년을 무척 기다렸어요. 그리고 은퇴하려고 했죠. 은퇴 후엔 사진작가들과 여행을 다니고 싶다 했어요. 목공예도 하고 싶다며 집에 공방도 하나 만들어 달라 했지요."

그렇게 쉬면서 살려고 했는데 그 해가 마지막이 될 줄은 몰랐다.

"하기야 사진도 목공예도 일처럼 몰입했을 테니 쉴 틈이 없었을 거예요."

2011년 사진달력 서문에 쓴 글이 새롭다.

"요즘 손자들을 보며 세상 사는 법을 다시 배우고 있습니다. 선친이 아들과 그랬듯이 나도 손자들과 함께 세상구경 나설 날이 기다려집니다. 그때 카메라를 통해 보는 세상이 다양한 의미로 다가온다는 것을 알게 되겠지요."

조양호는 막내딸이 어른이 된 후에도 어린 시절 그랬던 것처럼 무릎에 앉히고 얘기하곤 했다.

"일과 가족밖에 몰랐던 아빠가 편히 쉬시기에 어쩌면 이 지구가 너무 작지 않았나 하는 생각이 들어요. 아빠 딸이라 너무 행복했고, 하루도 아빠를 생각하지 않은 날이 없어요. 너무나 보고 싶어요."

2018년 12월 파리 출장 때 임원들 눈에 조양호의 몸이 안 좋아 보였다. 몬트리올에서 열린 IATA총회에도 참석하지 못하고 제2의 고향인 LA로 갔다. 병상에서도 조양호는 노트북을 놓지 않았다. 집무실에서처럼 수시로 올라오는 보고서를 읽고 결재란에 사인을 하고 코멘트도 달았다. 이달일까, 다음달일까 임원들이 퇴원 후 복귀일을 점치던 어느 날 장남 조원태 사장은 여느 때처럼 결재를 받기 위해 조양호에게 이메일을 보냈다. 짧은 답장이 왔다.

『더 이상 내게 보내지 말고 네가 잘 판단해서 결정하거라.』

그것이 마지막 메시지임을 조 사장은 알지 못했다. LA공항에서 운구를 마치고 나서야 아버지가 돌아가셨음을 절감했다. 이수근 부사장에게 당부하는 조 사장의 목소리가 떨렸다.

"회장님 마지막 비행입니다. 잘 모셔 주시기 바랍니다."

45년 동안 하늘길을 개척하기 위해 수백 바퀴는 돌았을 만큼 지구가 작았던 코즈모폴리턴의 마지막 비행은 건너고 있는 태평양보다 평온했다.

Changdeokgung Palace, Seoul, Korea, 2007

Samcheong-dong, Seoul, Korea, 2007

Pyeongchang, South Korea, 2016

Chateau de Versailles, France, 2008

Antelope Valley, CA, USA, 2003

Hidaka, Japan, 2005

Zermatt, Switzerland, 2004

Baku, Azerbaijan, 2015

Boseong Tea Field, Korea, 2005

Garden fo manoir d. Erignac, Perigord, France, 2004

Jeollanam-do, Korea, 2010

Los Angeles, USA, 2017

지구가 너무 작았던 코즈모폴리턴 ■ 285

Lake Vlad, Slovenia, 2013

Burano, Italy, 2013

Copenhagen, Denmark, 2009

Paris, France, 2015

지구가 너무 작았던 코즈모폴리턴

Monterey, USA, 2017

Zhangjiajie, China, 2006

Yquem, Bordeaux, France, 2009

Mumbai, India, 2015

지구가 너무 작았던 코즈모폴리턴

El Gourna, Luxor, Egypt, 2007

Abu Dhabi, UAE, 2016

Death Valley, USA, 2003

Shaybah, Saudi Arabia, 2010

Dubai, UAE, 2007

Victoria Falls, Zambia-Zimbabwe, 2013

Ile de Re, France, 2009

Alesund, Norway, 2008

Landaa Giraavaru, Maldives, 2012

Borabora, Tahiti, 2010

Honolulu, Hawaii, USA, 2013

Clivedenhouse, Berkshire, England, 2010

지구가 너무 작았던 코즈모폴리턴

Over the Clouds, 2015

Sunrise, 2010